천천히 더디게
꿈을 색칠하다

천천히 더디게

꿈을 생장하다

최영순 수필집

세종출판사

작가의 글

이 책 속에 실린 글들은 내가 등단 이후 부산가톨릭 문학 빛 문학도시에 실린 글들과 그 이후 쓴 작품들이다. 내용은 나의 삶의 이야기다. 어쨌든 나로서는 힘겨운 작품집이다.

글들이 종교적이어서 보편적인 것이 부족하다. 작가라는 이름으로 거들먹거린 모습이 부끄럽다. 진심으로 사죄드린다.

나의 꿈을 사랑과 감사의 빛깔로 색칠하고 싶다. 그리고 하느님 말씀으로 인생을 색칠하는 기회가 있으면 더 좋겠다.

2022년 가을에 최영순

차례

작가의 글 / 5

1부
추억

제주도의 가을 ·················· 13
준비되지 않은 이별 ·················· 21
추억의 엄마표 음식 ·················· 27
결혼 ·················· 31
나의 가치관 ·················· 35
겨자씨 하나 ·················· 39
남자의 특권 ·················· 45
월정사 가을을 입는다 ·················· 51
산청 가을을 노래하다 ·················· 57

2부
하느님의 성지, 사랑을 배우다

이탈리아 바티칸 성지순례 ·············· 65
사랑의 전도사 ·············· 73
하느님의 숨결 거룩한 땅 ·············· 79
자랑스러운 나의 조상 순교 성인들 ·············· 101
사랑을 배운다 ·············· 105
산달도 공소 ·············· 113

3부
꿈을 색칠하다

생명의 물 ················ 121

꼰대 ················ 125

나를 보게 하소서 ················ 129

귀염둥이 ················ 133

소리를 넘어 ················ 139

역경에서도 꽃은 핀다 ················ 143

사랑의 색깔 ················ 147

4부
나의 삶, 나의 인생

고통과 양심 ·· 155
자연은 충선소 ··· 161
시련의 봄 ·· 165
자가격리 ··· 169
타인의 시선 ·· 173
하모니 ··· 179
늦가을의 정취 주왕산 ································· 183
인정받고 싶은 욕구 ···································· 187
거제도 기행 ·· 191
소리 없이 찾아온 불청객 ··························· 197

5부
부르심

동고동락 ····················· 205
고향으로 돌아간 길 ············· 211
귀천 ······················· 217
꽃은 어디에도 핀다 ············· 223
동월 동일 ··················· 227

6부
예수님의 제자에게 말씀 배우기

사랑하는 법을 하느님 말씀에서 배워봅니다 ········ 235
'눈먼 이'란 어떤 사람인가? ················· 243
씨 뿌리는 사람 ························ 247

1부 추억

제주도의 가을

제주도는 나에게 특별한 기억으로 남아 있는 곳이다.

1979년 가을, 10년간의 연애에 종지부 찍고 우리는 결혼을 하게 되었다. 그해는 박정희 대통령이 갑자기 서거하셨기 때문에 나라는 국상 중이었다. 그래서 모든 게 어수선하였다. 사회는 계엄령이 선포되었고 모든 집회가 중지되어 결혼식도 허락되지 않았는데 가까스로 11월 중순에야 하게 되었다.

신혼여행지는 제주도였다. 제주도는 고등학교 때 수학여행을 갔던 곳이다. 그때는 밤새도록 배를 타고 갔는데 얼마나 심하게 멀미를 했던지 제주도에 대한 아무런 기억이 없고 수학여행 이야기만 나오면 처음부터 끝까지 멀미 생각밖에 없다.

그러나 신혼여행은 달랐다. 영화에서 본 듯이 트랩을 신랑과 함께 오르니 든든한 백이 있는 그것처럼 설렘만 가득했다. 탑승한 승객 중 5, 6명 빼고는 이백여 명 정도가 모두 신혼부부였다.

비행기는 아주 편했고 작은 창밖으로 보이는 구름 위에 하늘은 알라딘의 램프처럼 신기하기까지 하여 눈이 아프도록 보았다.

공항에서 예약된 호텔로 향했다. 연애할 때와 다른 기분을 느끼며 새색시는 마음껏 무게를 잡고 신랑을 따라서 예약된 호텔에 도착했다. 그런데 이게 웬일인가.

우리가 예약해놓은 방은 다른 사람과 겹치기 예약이 되어 있었다. 너무 어처구니가 없었지만 신혼 첫날부터 남하고 다툴 수도 없었기 때문에 남편의 얼굴은 붉으락푸르락하면서도 부산 사람 특유의 급한 성질은 내지 않았다. 나는 신랑이 행여나 싸우기라도 할까 봐 노심초사하여 사색이 되었다. 다만

옆에서 할 수 있는 것은 소맷부리를 잡고 '참으소, 참으소' 할 수밖에 없었다. 호텔에서 자면 어떻고 안자면 어떠냐고 하면서 말이다.

 호텔 측은 자기네들의 실수를 인정하고, 이리저리 수소문 끝에 장급 여관을 안내해 주었다. 여관 앞에 다다르니 말렸던 나는 어디 가고, 화가 나기 시작했다. 그렇지만 내가 화를 내면 뒷감당이 어려울 것 같아 꾹 참았다. 더 당황스러운 것은 그 여관은 침대 방은 하나도 없고 단체 손님이 오면 20~30여 명 잘 수 있는 운동장 같은 커다라 방뿐이었다. 신혼 첫날밤을 축구 경기를 해도 좋을 만한 방에서 이리저리 뒹굴면서 보냈다. 더구나 더 기가 차는 것은 3박 4일 일정으로 갔기 때문에 그 방에서 내내 지내야만 하는 것이다.

 요즘 같으면 인터넷으로, 또는 다른 많은 방법을 동원해서 억울한 하소연도 하고, 손해배상청구도 하는 등 해결 방법이 많겠지만 30여 년 전만 해도 시국이 어수선했기 때문에 모든 것을 받아들이고 수용했다.

 그러나 호텔에 묵지 않았기 때문에 좋은 점도 있었다. 비용이 남아서 버스로 단체관광은 하지 않고 택시 관광을 선택했다. 택시 기사는 가이드를 겸해서 사진 촬영까지 맡아 주어 일거양득이었다. 기사 분께서 제의하는 코스를 가기도 하고, 우리가 가고자 하는 곳은 물론이고 식사까지 담당하여 맛있는 곳을 선정해 주어 참으로 편리하고 편안했다.

성산일출봉, 용두머리, 정방폭포, 천제연폭포, 삼금부리, 만장굴, 한라산 1,100고지, 서귀포 등 다양하게 관광했었다. 난생처음 말도 타보았다. 조랑말도 아니고 큰 말을 탔는데도 남편과 함께해서 그랬는지 무섭지 않고 마냥 좋고 즐거웠다.

한라산에는 동백나무 군락지와 편백나무 숲이 아름다웠고, 성산일출봉은 희망을 이야기하는 것 같은 자태여서 나 또한 희망을 마음속으로 이야기했다.

갈대밭은 하얗게 부는 바람을 따라 흔들리고 있는 광경이 달력 속에서 본 외국의 풍경 같아서 나 또한 외국인 같은 모습을 짓고 렌즈 앞에서 있는 품 없는 모양 한껏 잡았다. 가을 햇빛의 절정을 이루는 것은 갈대가 아니라 그 시간에 우리 부부였으며, 오직 한 사람이어야 한다면 단연 나였다.

그리고 맛집을 안내받아서 간 곳마다 음식 맛이 일품이었다. 정말 제주도의 모든 요리를 다 먹어 본 것 같은 착각을 아직도 하고 있다.

  일정을 끝내고 공항에 갔더니 기상 조건이 악화하여 비행기가 뜰 수 없다고 하였다. 어쩌면 오후 늦게 갈 수 있다고 하는 것이다. 올 때나 갈 때나 제주도는 우리에게 호락호락하지 않았다. 돈도 거의 다 써버리고 난감한 상황이었다. 선물도 이것저것 많이 샀다. 시골 사람처럼 양손에 들고 있는 짐 보따리가 정말 무겁고 짐이 되었다. 갑자기 힘이 쭉 빠지고 3박 4일의 즐거웠던 여정이 언제 있었느냐 싶을 정도로 현재 상황이 짜증이 났다. 요즘은 시스템이 좋아 인터넷뱅킹도 할 수 있지만, 그때는 그런 것이 없었으니 오랜 옛날도 아닌데, 그 시절은 요즘에 비해 불편한 것이 많았다. 지금 아이들이 이해하지 못할 그런 일들이…

  두 사람의 지갑을 다 털어서 돈을 모았다. 동전도 그때는 얼마나 반갑던지 싹싹 쓸어서 일단 밥을 사서 먹기로 했다 '금강산도 식후경'이란 말이 딱 맞았다. 그리고 난 후에 집으로 갈 차비를 남기고, 탈탈 털어 영화를 보러 가기로 했다.

  6시간 정도 기다려야 비행기가 뜰 수 있다 하니 공항에 죽치고 있기는 너무 지루하여 공항 근처의 작은 영화관으로 갔다. 신혼여행 가서 영화관에 가는 사람은 우리밖에 없었을 것이다. 지금 제목은 기억도 잘 나지 않지만 코미디 영화였는데 배꼽이 빠지도록 실컷 웃고 나왔다. 비행기가 뜨는 것은 날씨가 해결해 줄 것이고, 시간을 보내려는 방편이었는데 우리는 신나게 웃었던 탓인지 공항에서 직원들이 무슨 말을 해도 수용할 수 있었다. 그때만큼은 마음씨 좋은 부부였다. 우리들의 신혼여행은 많은 사건과 추억을 제주도에 남기고 집으로 무사히 돌아오게 되었다.

지금 생각하면 신혼여행에서 '인생이란 계획대로 되지 않는다'라는 것을 배우고 왔던 것 같다. 살면서 계획대로 안 되는 때가 얼마나 많았던가. 그럴 때마다 우리는 신혼여행을 기억하면서 다시 계획하거나 기다리는 것을 아끼지 않는다.

지금은 그때보다 모든 게 좋아지고 편리하고 풍부해졌다. 그렇지만 기다리거나 이해하는 능력은 매우 부족하여 사막에 덩그러니 서 있는 것같이 마음이 삭막해지는 경우를 많이 접한다. 요즘 사람들이 안타깝기도 하지만 나 또한 요즘 사람이다.

나도 모르게 남에게 기다리지 못해 졸갑증이란 행동을 보이지 않았는지 뒤돌아본다. 텔레비전에서 제주도만 나와도 신혼여행의 나를 돌아보게 하는 배움의 장소로 떠오른다. 주마등처럼 줄줄이 떠오르는 추억들은 우리 부부의 소중한 보물이다. 신혼여행을 색다르게 경험한 그때는 우리 부부가 굉장히 양보를 많이 한 것 같았는데 지금 생각해 보면 그때의 경험을 돈으로도 살 수 없으니 실수도 때로는 고마운 일이다.

이제 겨울 준비를 해야겠다.
나무들은 화려한 옷도 훌훌 벗어버리고 다음 계절을 준비하고 있다. 나의 삶에 있어서 힘겨운 무거운 짐을 모두 내려놓고 푸근한 마음으로 겨울을 맞이해야겠다. 삶이란 노력 여하에 따라서 마음먹은 대로 할 수 있는 것도 있지만 할 수 있다고 해도 뜻대로 이루어지는 것도 아니다. 화려한 옷을 벗어버린 나무들의 편안함을 보라. 건강하고 튼튼한 봄을 맞이하기 위하여 주어진 삶에 충실하면서 행복을 느끼면 좋겠다고 남편한테 말했다. 신혼여행 이야기를 다시 상기시켜 다시 구혼 여행이라도 가볼까.

참새 한 마리도 하느님께서

허락지 않으시면

땅에 떨어지지 않듯이

(마태10.29)

준비되지 않은 이별

추석이 가까워져 오니 바다 위의 달빛이 새색시처럼 숭고하고 신성하다. 달빛을 바라보다 가슴 아픈 추억이 아련히 떠오른다.

결혼하여 둘째를 임신하고 모처럼 가을밤 달빛 속으로 낭만 여행을 떠나기 위해 채비를 챙기는데 전화벨 소리가 요란하게 울렸다. 친정에서 걸려온 전화였는데 동생이 교통사고로 사망했다는 비보였다. 순간적으로 꿈속 같은 착각에 잠깐 의식을 잃어버렸다. 남편이 놀라 물을 떠 와 흔들어 깨우는 바람에 가까스로 정신이 들어 쳐다보니 태중에 아기도 있고 혹시 산모인 나마저 잘못될까 걱정스럽게 바라보는 남편의 눈가가 촉촉하였다.

  나와 엄마에게 동생은 특별한 존재였다.
  아버지가 일찍 돌아가시고 동생은 철이 빨리 들어, 정도 많았고 성품도 온화했고 모든 이에게 살갑게 대하는 천성도 따뜻했다. 삶이 고통과 시련의 여정에서 우리에게 힘이었고 자랑이며 위로이자 유일한 희망이었다. 그런 동생이 죽었다니 청천벽력이었고, 하느님의 침묵 앞에 분노와 원망으로 절규했다. 엄마는 나보다 침착하며 끝까지 마음을 억누르고 있었다. 엄마는 오히려 내가 걱정되어 나를 다독이며 강인한 모습을 보였다. 그런 엄마가 불쌍하여 더 많이 오열했다.
  동생을 서울에 유학 보내기 위해 엄마가 얼마나 많은 희생을 했으며, 동생도 혼자 객지에서 꿈을 이루기 위해 많은 고생과 외롭고 쓸쓸함을 견뎌내어, 대학 졸업하고 대기업에 취직해 근무한 지 얼마 되지 않아 사고가 난 것이다.

나는 그날부터 모든 것이 무기력해지고, 뿌연 안개 속에서 절망의 나락으로 떨어졌다. 며칠 후부터는 온몸에 경련이 일어나고 가슴이 터질 것처럼 답답하면서, 불면증이 시작되었다. 혼자 있으면 누나하고 부르는 환청이 들리고 밤이 되면 집으로 돌아올 것 같은 환상이 계속되었다.

임신 상태였고 또 기절할까 봐 장례식에 오지 말라 했지만, 마지막 가는 길에 작별 인사라도 해야겠다고 서울 백제 화장막으로 갔다.

가족들의 만류로 결국 입관은 보지 못했다. 아무런 이별의 준비 없이 결국 말 한마디 못 하고 울음으로만 황망하게 동생을 떠나보냈다. 그때 동생의 나이는 27세였고 내 나이는 29살이었다.

다음 해 봄에 둘째가 태어났다.

비극에서 희망의 꽃으로 태어난 아이였다.

아이의 탄생은 혹독하게도 길었던 무기력과 절망의 상실에서 조금씩 나를 나오게 해주었다. 회색빛이 하늘빛으로 보였고 아침에 깨어나 잠자는 아기를 물끄러미 쳐다보면서 생명의 신성함과 경건함이 온몸과 마음을 편안하게 해주었다. 절망 끝에 부활의 희망이 있음을 알았고 나에게 맡겨주신 사랑스러운 아기를 위해 새로운 마음으로 일상으로 돌아갈 수 있었다.

그때 태어난 둘째가 38살이니 동생이 죽은 지 40년이 된다. 아이는 공부도 우등생이었고 침착하며 단정하게 잘 자라 지금 미국에서 직장에 다니고 있다. 어쩌면 동생이 아들을 보살펴 주는듯하다.

세월이 많이 흘렀다. 동생과 이제 작별 인사를 하려고 한다.

나의 해석으로 세상은 험난하다. 고통의 한복판에서, 너의 고생을 들어주기 위해 하느님이 특별히 사랑하여 하늘나라로 일찍 초대했을 것이다. 편안하고 평화로운 곳에 함께 살기를 원하셨다고 믿는다.

모든 일어난 사건은 선을 향하여 가는 과정이라고 여기며, 가슴에 안고 있던 응어리의 한을 놓는다.

이제 나도 너의 기도가 필요하다. 이 세상에서 흔들리면서도 이탈하지 않고, 현재에 감사하며, 너랑 같은 곳에서 또다시 형제로 만나리라 희망하며 가슴에 품고 있던 너를 놓아준다.

  잘 가거라 사랑하는 내 동생아 안녕!

높고 귀한 사람들이 많이 있지만
주님께서는 온유한 이들에게
당신의 신비를 보여주신다.

(집회 3.19)

추억의 엄마표 음식

맛있는 음식을 먹을 때는 어머니에 대한 특별한 추억과 솜씨가 그리워진다. 어머니는 초등학교도 졸업하지 않았지만 요리 솜씨는 내가 알고 있는 사람 중의 최고인 것 같다. 무슨 음식이든지 눈여겨보고 집에 와서는 다 만들어 주었다. 초등학교 다닐 때 수업 마치고 집에 오면 도넛을 만들어 설탕도 모양 좋게 뿌리고 나를 기다리던 엄마의 모습이 눈에 선하다.

그 당시에는 도넛을 먹는 아이들이 흔하지 않아 나는 솜씨 좋은 엄마 덕분에 호강하며 자랐다. 철없이 그다음 날 학교에 가서 도넛을 먹은 것을 친구에게 자랑도 했었다.

고등학교 시절에는 따뜻한 도시락을 매일 싸서 점심시간에 집에서 일하던 이모가 학교로 배달 왔었다.

어머니는 내가 장녀이기에 유난히 애착이 많아 날마다 반찬을 다르게 만들어 보냈다. 친구들은 나의 도시락반찬을 먹으려고 모여들곤 했다. 그때는 고마움도 모르고 학교에 보내지 말라고 투정 했다.

그리고 중간고사 시험 때는 친한 친구들이 우리 집에 모여 시험공부를 하곤 했는데 밤참으로 라면을 끓여 김치와 맛있게 먹었던 기억을 지금도 그때 엄마표 김치를 잊지 못해 이야기한다.

결혼식을 앞두고 신랑 친구들이 함을 사라고 골목을 떠들썩하게 하며 집에 왔다. 그날 어머니는 요리 솜씨를 마음껏 발휘하여 한 상 가득 차려 신랑 친구들이 무엇부터 먹어야 할지, 색다른 음식에 놀라움과 흥분으로 즐겁게 먹고 마시고 동네를 시끄럽게 했다.

결혼식 때도 시댁에 보내는 폐백 음식을 어머니가 손수 해주셨다. 시댁 식구들이 솜씨 좋은 어머니를 많이 칭찬 하며 음식을 맛있게 드셨다. 어머니 솜씨 덕분에 살면서 덕을 크게 본 셈이다.

그런데 엄마의 솜씨를 나는 하나도 닮지 못했다.

생각해보면 나를 아예 부엌에 들어오지 못 하게 한 엄마의 잘못도 있다.

왜 그렇게 했는지 모르지만, 손에 물 묻히지 않고 곱게 키우고 싶었던 욕심이었는지 모르겠다.

사랑 많고 사람 좋아하고 우리 집에 오신 분은 꼭 밥해 먹여 보내시던 어머니. 한평생 음식과 관련된 식당과 여관 운영으로 우리를 공부시켰다. 어머니는 주어진 삶에 충실했고 가족들을 위해 희생하며 열심히 사신 분이다.

며칠 전 여동생 딸이 예쁜 손자를 낳았다. 산후조리원에서 퇴원하여 동생 집에 왔다. 동생이 친정엄마가 되었다.

산모를 돌보는 것은 힘이 든다. 사랑으로 돌보아주지 못하면 상처를 준다. 엄마가 우리한테 했던 것 같이 잘 해주라고 부탁했다.

나는 두 아들을 낳고 친정엄마의 도움을 많이 받았다.

그때는 어머니의 힘든 사정을 잘 이해하지 못했다. 지금 이 나이가 돼보니 생업도 있었는데 얼마나 감당하기 어렵고 고통스러운 시간이었는지 짐작이 간다. 그래도 싫은 내색은 없었다.

엄마는 훌륭하고 부지런하며 책임감도 강하고 사랑이 많은 분이다. 엄마는 늘 나를 보물로 여겼다.

오늘 밤은 유난히 솜씨 좋은 엄마가 매우 그립다.

결혼

결혼은 인류가 만들어낸 공동체의 기본단위다.

예전에 평균수명이 짧아 60세밖에 살지 못할 때는 부부가 만나 함께 살 수 있는 시간이 기껏해야 30년이었다.

지금은 100세 시대에 살고 장수 시대를 맞이했기에, 한 번 결혼한 부부는 70년이라는 긴 세월 동안 부부로 같이 살아야 한다.

톨스토이는 중년 이후 지겹도록 싸운 아내가 자기 시신에 손을 대지 못하게 유언을 남길 만큼 아내를 싫어했다. 소크라

테스도 부인 크산티페에게 온갖 모욕을 받으며 살았다.

　결혼은 신뢰를 바탕으로 하는 자율적 공동체이며 서로가 책임과 의무를 다하는 공식적인 사회제도이다. 일부일처제가 인간의 본성에 합당한 제도이든, 아니든 오랜 관습이 주도하여 유지되고 있다.

　평생토록 같이 살면서 다른 사람에게 곁눈질하지 않는 부부는 없을 것 같다. 영국 철학자 버트런드 러셀에게 결혼생활에 관해 묻자, 그가 이렇게 대답했다.

　"아내가 살아 있는 이상 진실을 말할 자유가 없다.

　러셀에게는 아내도, 애인도 여럿 있었다고 한다.

　그러면 꿈꾸던 이상의 배신은 어디서 오는 것일까?

　인간의 열정이 영원히 지속된다는 착각에서 시작된 것이다.

　잠깐 불타오르는 사랑으로 결혼한 사람에게 영원한 의무인 결혼제도는 무거운 족쇄인 셈이다.

　부부가 지속적인 사랑의 감정이 없으면 실패한 결혼생활이라 여긴다.

　오랫동안 함께 하느냐는 중요하지 않고, 함께 하는 동안 얼마나 사랑했느냐가 더 중요하다. 결혼생활의 성공은 둘이서 단점을 보고도 함께 참아낼 때, 감정을 과도하게 내색하지 않고 모든 불만을 서로에게만 털어놓을 수 있을 때 가능하다.
　부부는 사랑의 끈으로 묶여 있어야 행복하다.
　고령화 사회로 진입한 우리도 부부를 이해하는 가치 기준이 새로워져야 한다. 부부가 서로에게 축복이 되려면 경청하는 자세가 중요하다. 서로 칭찬하며 안아주고 함께 여행도 하고 다정한 대화도 하고 단점은 눈감아 주고 서로의 개성을 존중해주어야 살아지는 것이다. 원만한 결혼생활을 위해 많이 노력해야 가능하다

　요즘은 젊은이들은 힘들다고 결혼 하지 않는다.
　그러나 **결혼**은 인류 **공동**체의 **평화**와 발전을 위하여 유지되어야 할 최고 사회질서의 근간이다. 계속 인구가 줄어들면 사회가 희망이 없어진다.
　젊은이의 생각을 바꾸는 노력이 필요하다. 결혼도 하느님이 인류에게 부과한 임무다. 행복한 보금자리를 위에 끊임없이 사랑의 가치를 모으는 지혜가 필요하다.

그러면 40년을 함께 산 나는 성공한 결혼일까?

신혼 때는 남들에게 증명해 보이려고 나를 닦달하고 살았다. 오랜 시간 동안 서로 맞지 않았지만, 죽을힘을 다해 사랑하고 용서하기로 했다. 그런 인내로 지혜롭게 극복하였다.

하느님이 부부 연으로 맺어주실 때 올바른 방향을 보여주었다. 그리고 오로지 나의 자유의지를 존중해 기다리고 있었다. 우여곡절이 있었지만 많은 것을 깨닫고 바른길을 향해 서로 남의 짐을 지면서 가고 있다.

그래도 지금까지 부러지지 않고 무르익어가는 열매에 감사할 뿐이다.

나의 가치관

　나를 자세히 관찰하면 아무런 생각 없이 하루하루를 살고 있음을 알게 된다. 스스로 무엇을 하고 있는지 전혀 알려고 하지 않는다. 금방 안경을 어딘가에 두고 찾고 있다. 외출하려면 휴대전화기를 또 찾는다. 그 중심에 내가 존재하지 않는다.
　허둥지둥 헤매는 나 자신을 발견한다. 앞이 어수선한 상황에서 정신을 차려야 문제를 해결한다. 무엇이 나를 깜박거리게 하고 있을까. 내 안에 나를 조용히 머물게 하는 시간이 없어 이러한 현상이 생기고 있다.

　항상 서두는 것은 내적으로 혼란스럽기 때문이다. 몸은 무겁고 마음도 어둡다. 조용해져야 내 안의 희미함이 명료해지기 시작한다. 시간이 조금 지나면 안개가 걷히고 마음에 평온함을 찾는다.

　조용히 머무르는 시간이 필요함을 깨닫고 휴식이 보약임을 안다. 밖으로 나와 혼자 길을 걷는다.

　사람은 누구에게나 끝이 있다. 자기에게는 끝이 오지 않을 것처럼 일하는 친구가 있다. 일하지 않으면 불안하게 여긴다. 그러면서 언젠가는 자기의 목표치에 도달하면 즐길 날이 올 거로 생각한다. 그래서 같이 놀러 가자 하면 아직 놀 때가 아니라고 미룬다. 가진 게 부족하다고 하며 열심히 일한다. 돈에 대한 애착에 시간을 집중한다. 그는 미래의 시간 속에서 산다. 하지만 그가 꿈꾸는 시간은 오지 않고 어느 날 갑자기 병이 나서 드러누웠다. 그렇게 되니 영원히 살 수 없다는 현실을 깨우친다. 때늦은 후회지만 지금, 이 순간이 소중하다고 고백한다. 이것이 우리들의 삶인 줄도 모른다.

　그럼 나는 지금 가치 있는 인생을 살고 있는지 들여다본다.

상처와 탐욕과 허세로 가득 차 있다. 이렇게 계속 살 것인지 인생에서 주어진 사명은 무엇인지. 이 세상에서 어떤 흔적을 남기고 싶은지. 곰곰이 생각해 보았다.

 늘 나를 지탱해준 하느님을 떠올려본다. 나에게 사랑이 턱없이 모자람을 안다. 함께 하는 이들에게 기쁨을 주고 그들을 좋아한다고 표현하며 흐르는 대로 놓아두며 살겠다.

 또 나를 사랑하는 사람에게 직접 하지 못한 고맙다는 말을 되뇌어본다. 지상에서 사는 동안 행복하기 위해 이해하는 사랑을 배워야 한다. 그리고 그들에게 용기를 내어 화해와 용서를 청하자.

 밝고 명랑한 마음으로 오늘에 집중하여 살아보기로 하자.

내가 또 진실로 너희에게 말한다.
너희 가운데 두 사람이 이 땅에서
마음을 모아 무엇이든 청하면,
하늘에 계신 내 아버지께서 이루어주실 것이다.

(마태 18.19)

겨자씨 하나

아버지 손을 잡고 맨 처음 성당에 간 것이 5살쯤인 것 같다. 어린 나이에 조용한 분위기에 미사 드리는 광경이 생소하여 천방지축 돌아다니니 야단맞아 울었던 기억이 난다. 그래도 주일에는 투정하지 않고 잘 따라다니며 들쭉날쭉 풋내기 어린 마음 한구석에 조그마한 불씨가 자라고 있었다.

6.25사변 후에는 성당에서 외국의 원조로 우유와 강냉이죽을 배급으로 나눠어 주어 노란 도시락을 들고 길게 줄 서 얻어먹었던 추억도 있다.

초등학교 때 아버지가 돌아가셨는데 장례미사가 너무 엄숙하여 크게 소리 내어 울지 못하고 억지로 참았던 모습이 눈에 선하다.

그 당시 어머니는 신자가 아니었고 젊은 나이에 자식 두고 먼저 떠난 아버지에 대한 원망과 미움으로 가득 찼다. 당장 먹고살아야 하는 책임감이 어머니를 매우 힘들게 했다. 어머니는 외할머니와 이모에게 의지하며 살았다.

외할머니는 전형적인 불교 신도였고, 완고하신 성품을 지닌 여장부다. 엄마는 사월 초파일에는 가끔 외할머니와 이모 따라 절에 다니며 불교에 입문하여 신앙생활을 했다.

엄마는 가톨릭에 대한 신앙은 없지만, 나와 동생에게 아버지의 뜻을 따라 성당에 다니게 배려 해주었다.

중학교 1학년 때 어려운 교리문답을 다 암기하여 신부님께 찰고 받고 세례를 받았다. 그리고 2년 후 견진성사도 받았다. 신앙심이 있어서가 아니라 성당에 가면 즐겁고 좋아서 열심히 다니며 친구들도 많이 데리고 갔다.

불교 집안인 남편을 만나 연애 결혼했다. 종교가 다른 사람과 결혼하여 오는 힘듦을 생각 못 했다. 이유는 결혼식을 성당에서 할 수 있도록 시댁에서 허락하셨기 때문이다. 시어머니는 독실한 불교 신도였다. 신혼은 시댁에서 함께 살아 눈치가 보여 주일미사에 빠지기 시작해 1년쯤 냉담했다.

 함께 있으니 불편하고 자유롭지 못해 분가하고 싶은 욕구로 불평불만이 가득했다. 사는 게 힘드니 자연스럽게 주님을 향한 간절한 기도를 하며 틈만 나면 시편 142편을 노래하였다.

 "큰 소리로 나 주님께 부르짖네. 큰 소리로 나 주님께 간청하네. 큰 소리로 나 주님께 간청하네. 그분 앞에 내 근심을 쏟아 붓고 내 곤경을 그분 앞에 알리네."

 끊임없는 기도를 통해 한결 너그러워진 나를 보며, 주님을 떠나서는 살 수 없다는 것을 알았다. 2년 후 분가히어 신앙과 일상이 자유롭고 해방감으로 마음에 평화를 느꼈다. 그 순간 돈으로 환산할 수 없는 값진 유산을 선물로 주고 하늘나라로 가신 아버지가 정말 고맙고, 감사하며 자랑스럽게 생각됐다.

 어느덧 두 아이의 엄마가 되었다. 아이에게 아버지처럼 신앙을 심어주기 위해 나름대로 기도를 많이 했다. 주님께서 특별한 보살핌과 은총으로 건강하고 씩씩한, 매사에 최선을 다하는 멋진 아들로 성장시켜주었다.

  늘 나와 함께 하시는 하느님께서 살면서 시련이 올 때 슬기롭게 극복할 수 있는 용기와 힘을 주었다. 나의 긍정적인 사고와 적극적인 권유가 작은 불씨가 되어 몇 십 년 만에 시댁 식구 모두를 세례 받게 했다. 보잘 것 없는 나를 통하여 주님께서 좋은 일을 할 수 있게 이끌어주신 은총에 감사와 찬미를 드린다. 기쁨의 눈물과 덤으로 귀하고 신비로운 영적 체험도 있었다.

  늦게나마 친정어머니도 세례를 받고 3년 동안 열심히 신앙생활하다 돌아가셨다. 나에게 신앙의 불씨를 심어준 사람은 나의 아버지다. 그 옛날에 아버지는 누구의 권유도 없이 스스로 가톨릭을 선택했다고 했다. 아버지의 정적인 성품과 닮았는지도 모른다. 나도 어릴 때 삶이 힘들면 일찍 돌아가신 아버지를 원망도 하고 방황했지만, 비록 짧은 생을 사셨지만, 나에게 위대하고 거룩한 신앙을 뿌리내리게 해주신 아버지께 감사의 인사를 드린다.

아버지 신앙을 본받아 "평범하고 소소한 일상이 정말 큰 은총"이라 여기며 부족하고 흠이 많지만, 이웃에게 주님을 전파하는 문을 열어주기 청하며 항구히 두드리고 있다.

누구든지 내 뒤를 따라오려면,
자신을 버리고 날마다 제 십자가를 지고
나를 따라야 한다.

(루카 9.23)

남자의 특권

결혼은 인류가 만들어낸 공동체의 기본단위다.

남녀가 신뢰를 바탕으로 하는 자율적 공동체이며 서로가 책임과 의무를 다하는 공식적인 사회제도이다.

일부일처제가 인간의 본성에 합당한 제도이든, 아니든 오랜 관습이 주도하여 유지되고 있다. 남자는 결혼생활을 계속하기 위해 무엇을 해야 할까?

많은 욕망을 접고 살 각오가 되어야 한다.

부부는 도반이자 식반인 관계를 인식해야 하며 삶의 속도를 한발 또 한발 맞추어 깊이와 높이를 조절할 줄 알아야 한다.

존 그레이의 『화성에서 온 남자, 금성에서 온 여자』는 남성과 여성의 사고방식이 얼마나 다른지를 보여주는 대표적인 작품으로 꼽힌다.

남성과 여성의 '뇌 구조' 자체가 다를 수 있다고 주장하고 있다.

결혼생활에서 처음에는 서로에게 잘 보이기 위해 옷차림과 행동에 신경을 쓰고 관심 받으려고 노력하지만, 시간이 가면 관성과 타성에 젖어 체념하게 된다.

평생토록 같이 살면서 다른 사람에게 곁눈질하지 않는 부부는 없을 것 같다.

영국 철학자 버트런드 러셀에게 결혼생활에 관해 묻자, 그가 이렇게 대답했다.

"아내가 살아 있는 이상 진실을 말할 자유가 없다. 러셀에게는 아내도, 애인도 여럿 있었다고 한다.

그러면 꿈꾸던 이상의 배신은 어디서 오는 것일까?

인간의 열정이 영원히 지속된다는 착각에서 시작된 것이다.

잠깐 불타오르는 사랑으로 결혼한 사람에게 영원한 의무인 결혼제도는 무거운 족쇄인 셈이다. 한 울타리에 살면서 서로에게 성적 욕구와 감정적 욕구를 충족하지 못해 위선과 거짓이, 탈선과 불륜으로 힘들고 어두운, 불행한 결말을 맞는 경우도 종종 볼 수 있다.

부부가 지속적인 사랑의 감정이 없으면 실패한 결혼생활이라 여긴다.

오랫동안 함께 하느냐는 중요하지 않고, 함께 하는 동안 얼마나 사랑했느냐가 더 중요하다. 결혼생활의 성공은 둘이서 단점을 보고도 함께 참아낼 때, 감정을 과도하게 내색하지 않고 모든 불만을 서로에게만 털어놓을 수 있을 때 가능하다.

지금 우리나라는 온통 '미투' 열풍으로 떠들썩하다.

환락문화로 인간의 내면이 파괴되어가는 모습을 적나라하게 보여주고 있다.

과거에는 거론조차 되지 않았던 권력자들의 추한 모습이 백일하에 드러난 것이다.

사회적 이미지에 걸맞지 않은 신사들의 일탈이 속속 언론에 공개되어 체면과 인격이 무너져 버렸다.

그 남자들의 가슴속에 숨어 있는 욕망과 권력으로 약자에게 내뱉는 성욕의 껍질을 벗기니 스스로 비참한 종말을 맞는 이도 나오고 있다.

정치나 관직이나 교수나 문화계 전반에 늙은 몸을 활기찬 젊은이들에게 성적 수치심의 씨앗을 잉태하여 절대 부패의 뿌리박힌 비뚤어진 문화가 세상에 드러난 것이다.

보도된 내용을 보니 성폭력을 당하고도 참는 경우가 많았다. "부당하거나 옳지 않았다고 생각했지만 참았다"라고 대답한 피해자가 절반이 넘는다.

이유는 우리 사회가 약자보다 갑질 횡포에 너무 관대했기 때문이다.

성폭력은 범죄인 것이다. 사회가 그들의 특권에 엄중한 경고를 해야 한다.

왜 남자들은 이토록 성에 집착하는 것일까?

섹스에 대한 남자의 욕구는 어떤 식으로든 성적 행위를 과시하고 싶어 하며, 타고난 본성이 테스토스테론, 도파민과 같은 생화학물질이 작용한다고 한다. 그러므로 자제력을 상실하면 동물과 같은 행동을 하게 된다.

인간은 한 몸속에 존재하는 두 사람의 도덕적 이질 자가 있는 것이다.

추한 남성들의 시들어가는 육체에 흐릿해가는 정신으로, 욕망의 지질함에 상처받은 여자들이 강펀치를 날렸다.

그러나 결혼은 인류 공동체의 평화와 발전을 위하여 유지되어야 할 최고 사회질서의 근간이다. 가정을 가진 남자들이여, 자신의 삶이 중요하듯이 다른 사람들의 삶도 존중하고 의무와 책임을 다하여 인류 모두의 안녕을 생각하면서 살기를 바란다.

인간이 가져야 할 기본 덕목인 정직과 겸손과 성실을 실천하는 따뜻한 세상을 꿈꾸며 희망한다.

두려워하지 마라. 보라,
나는 온 백성에게 큰 기쁨이 될 소식을
너희에게 전한다.

(루가2.10)

월정사 가을을 입는다

가을 문학기행은 달을 품은 오대산 월정사로 출발하였다.

월정사는 처음이지만 단풍과 전나무길이 아름답다는 이야기는 많이 들었다.

설레는 마음과 기대로 마음이 들떠 여고 때 수학여행 가는 기분이었다.

버스 안은 회원들로 가득 차, 정해진 오전 7시 출발하여 휴게소에서 임원진들이 준비해온 아침을 맛있게 먹고 버스 안에서 경매가 시작되었다.

문학기행 때마다 이사장님이 소장하고 계시는 물품을 경매로 팔아서 회비에 보탬도 주고 웃음과 재미로 기쁨도 준다.

나는 경매로 도자기 그릇을 샀다. 시중 판매 금액의 십 분의 일 가격으로 구매했으니 기분이 좋아 미소가 절로 나왔지만, 경매에 낙찰되지 못한 분들은 부러워하였다.

약간의 휴식이 있었던 후 버스 안에서 이사장님의 월정사. 상원사의 역사, 문화, 자연에 관한 강의가 있었다.

박식하고 깊이 있는 해설로 설명해 월정사를 이해하는 데 한층 도움이 되었다.

점심은 제천에서 한우 등심구이로 싱싱한 유기농 상추와 매실주가 곁들어 맛있게 먹고 회원들의 얼굴도 발갛게 단풍처럼 물들었다.

오후에 월정사에 도착했다.

단풍이 곱게 물든 고로쇠나무랑 전나무가 아름다운 자연카페에서 '시사랑, 물길 사랑, 단풍 사랑' 시낭송회를 가졌다.

회원들의 자작시를 낭송하며 서로서로 칭찬하며 자연을 즐겼다.

월정사 주지 스님의 친견도 있었다.

스님은 온화하고 기품이 있으며, 명상 치유에 관심이 많았다. 그리고 상처받은 현대인들을 위한 자연의 길도 새로 만들었다. 스님은 사찰을 찾아오는 모든 이에게 위로와 휴식과 명상을 통해 몸도 마음도 치유되기를 바랬다.

요즘 현대인의 삶은 지쳐있고 인간관계에 시달리며, 너도 나도 그늘 밑에 숨고 싶은 심정을 잘 알고 계셨다.

숲속 명상은 한 가지 생각에 집중하여 침묵 중 닫힌 마음의 눈을 열고 자신을 바라볼 수 있는 시간을 갖는다. 나는 누구인지. 이 세상에서 가장 소중한 사람은 누구인지. 스스로 자신을 비우면 허덕이며 비틀거린 마음도 편하고 고요해져 번뇌를 끊을 수 있다고 한다.

오대산은 소나무가 없고 전나무가 많았다.

다섯 보살이 머문다는 오대산 신앙은 관음과, 미타, 자장, 석가, 문수보살, 극락세계의 보살들이 오대산 다섯 봉우리에 저마다 머무르고 계신다는 뜻이다.

월정사는 오만 명의 불보살이 상주한다는 문수보살이 머무는 성스러운 땅이며 진신사리의 성지인 이 절은 주요문화재로는 석가의 사리를 봉안하기 위하여 건립한 국보 팔각구청석탑이 자리하고 있다. 월정사 말사 상원사 중창권선문이 있다. 약왕보살 상이라고도 하는 보물 제139호 석조보살좌상 국보도 있었다.

상원사에는 적멸보궁이 있다. 자장율사가 당나라에서 가지고 온 석가모니의 정수리 뼈 사리, 곧 머리뼈 사리를 모신 곳으로 오대산 신앙을 한데 모으는 구심점이다.

오대산은 불교 신도들의 순례지이며 기도처로서 가장 신성한 장소로 신봉되고 있다.

그날도 월정사는 기도하러 온 신도로 가득하였다. 저마다 무거운 삶의 짐을 있는 그대로 받아들이며, 스스로 깨닫고 위로받고 싶은 심정에 많은 신도가 수행 중이었다.

밤에는 산사음악회가 있었다.

반짝이는 별들과 단풍잎들이 사각거리는 합창 소리를 들으며 이은미 가수의 열창이 온 산사를 흔들었다. 자연과 함께하는 음악회는 울림이 있는 감동을 주었다.

덕분에 내 마음에 있는 갈등과 어둠도 불태웠다.

 다음날 산사에 범종 소리가 울려 퍼진다.
새벽 4시에 공양간에 불이 밝혀졌다. 외울 것도 많고 지킬 것도 많은 승려의 일상이 시작되었다. 나도 서둘러 새벽예불에 참석했다.
가톨릭 신자인 내가 언제 새벽예불에 참석할 것이며, 산사에서 하룻밤을 잘 수 있겠는가. 오늘은 산사의 느낌에 흠뻑 빠져버리라. 염불 소리가 울려 퍼지고 스님들은 정신을 집중하여 경전을 외우고 있었다. 신선하고 경이로운 경험이었다.

 구도자의 공통점은 지상의 모든 소유를 버리고 금욕생활을 통하여 정신이 맑고 슬기롭게 보였다. 스님 얼굴에 학문을 갈고 닦아 자유와 진리의 힘이 넘쳐 보였다. 인간이 인간답게 살기 위해 밝은 기운과 희망이 넘치도록 도와주는 역할을 하고 있었다. 산사에 온 신도는 선물을 안고 집으로 가는 것처럼 보였다. 주저앉으려는 사람을 일어서게 하고, 땅에서 넘어진 지 땅을 딛고 일어난다는 희망을 주는 것 같았다.

이렇게 남을 위해 자기를 불태우는 사람들 때문에 세상이 질서를 유지하고 있는지도 모른다. 그날은 사랑을 실천하는 스님이 아름답게 보였다.

여행이 주는 기쁨과 행복에 감사한다. 오대산 풍광의 창조에 탄복했다. 그리고 우리나라의 뚜렷한 사계절에 찬미를 드린다.

다시 일상으로 돌아가 이웃을 향한 발걸음을 가볍게 하며, 감동과 감탄사의 색을 색칠해보자.

사랑의 꽃을 피워 반짝이는 햇살 속으로 걸어가 보자.

전나무 숲길은 푸르게 솟은 전나무와 울긋불긋한 단풍잎들이 절정의 아름다움으로 월정사는 가을을 입고 뽐내고 있었다.

산청 가을을 노래하다

가을 문학기행을 경남 산청으로 출발하였다.

산청은 여러 번 가본 곳이다. 그래도 떠난다고 하니 가슴이 두근거리며 설렘도 있다. 일찍 출발하여 목면시배유지는 오전에 도착했다.

단풍이 곱게 물들기 시작하여 아름다운 자태로 우리를 반갑게 맞아주었고 목화씨를 재배하는 것은 난생처음 보아 새로웠다.

산청이 문익점 선생님이 면화를 처음으로 재배한 곳이라

설명 듣고 몽우리에서 몽글몽글 목화솜이 나오는 것을 보고 신기했다.

다음 목적지는 성철대종사생가를 순례하였다.

'산은 산이요, 물은 물이다'라고 하신 현대불교 선승의 생가를 보면서 불교계의 혁신을 일으키신 대단한 분임을 알았다.

성품은 차가운 면도 있고 따뜻함과 깔끔함을 지니신 스님이시고 언행일치를 실천하려고 자기 자신에게 엄격하셨다. 그래서 많은 불자가 존경하신 분이시다.

점심은 산청 토속음식과 막걸리로 맛있게 먹고 남사예담촌으로 갔다.

고즈넉한 담장 너머 우리 전통 한옥의 아름다움을 엿볼 수 있는 지리산 초입에 자리 잡은 전통 한옥마을을 관청에서 관리를 잘하고 있었다.

한옥마을을 돌면서 어릴 적 생각이 머리를 스쳤다.

마당과 감나무가 있던 유년으로 돌아가 아버지와 엄마 생각을 했다.

가을에 감이 익어 가면 아버지가 장대를 만들어 감을 따서 먹여주던 추억과 넓은 마당에서 추수하던 모습이 그림처럼 떠올랐다.

 잊고 있는 추억이 샘물처럼 쏟아져 부모님 생각에 잠깐 눈시울이 붉어졌다.

 고향은 늘 그립고 추억도 있고 나의 뿌리가 있는 곳이다.

 여행 덕분에 옛 추억도 되돌아보고 자연을 통하여 메마르고 잃어버린 감성도 일깨워 주었다.

 마지막 코스는 동의보감촌이다.

 전통한방휴양관광지, 한방자연휴양림으로 조성되어 백두대간의. 신비한 기운을 담아 내뿜고 있는 천혜의 자연 휴식공간이다. 동의보감발간 400주년과 유네스코 세계기록유산 등재를 기념하기 위해 정부에서 주관한 국제행사를 성공적으로 개최하였다고 한다. 어마어마한 크기의 놀라움과 구절초의 아름다움이 조화를 이루고 있었디.

 우리 일행은 이번 기행이 힐링도 되고 위안도 되었다.

 그리고 자연의 기를 받기 위해 효험이 있다는 돌 앞에 양손을 뻗쳐 소녀처럼 마주 보고 웃고 유쾌한 시간을 보내고 내려왔다.

 흡족하지는 않지만 짧은 시간에 많은 곳을 보아 나름으로 힐링이 되었다.

　오늘 하루는 인연과 우연으로 40명이 버스를 타고 여행을 했지만, 각자가 느끼는 감정은 달랐다. 그런데도 우리는 의견 충돌이 생기면 서로 다름을 인정하기 싫어한다.

　극히 자기중심적인 사고에서 발생하는 이기심이다. 자연에게 우리가 배워야 할 게 많다.

　인간의 탐욕으로 대자연의 신비와 아름다움도 제대로 볼 수 없다면 참으로 안타깝고 불행한 일이다. 자연의 위대함을 통해 인간의 한계를 알고 우리가 돌아가야 할 곳이 흙임을 새삼 확인 한다. 단풍의 불꽃도 시간이 지나면 낙엽이 되어 소멸함이 와 닿았다. 오늘 하루는 회원들이 서로 아껴주며 자연 속에서 유익한 시간이 보냈다.

　산청에서 내려오는 길목에 하얀 구절초와 불타는 단풍잎들이 절정의 아름다움을 뽐내며 가을을 노래하고 있었다. 산청은 온화하고 기품 있고 상처받은 현대인에게 치유와 휴식공간도 공존하였다. 산청의 공기와 환경이 많은 사람에게 위로가 되었다.

문학기행은 창조의 위대함에 잠자는 감각을 깨워 감탄사가 절로 나오게 했다. 내면에 있는 나를 불러 연민의 대화를 나눌 수 있게 해준 시간에 감사한다.
 또 희망의 빛을 안겨 준 자연에 감사드린다.

2부
하느님의 성지, 사랑의 배우다

이탈리아 바티칸 성지순례

인천공항에서 12시간 비행기를 타고 영국에 도착했다. 런던에서 1박 하고 이탈리아로 갔다.

맨 처음 간 성지는 성 베드로 대성당인데. 가톨릭의 선원이자 총본산인 그 자체가 하나의 도시 바티칸 시국이다. 베드로 성인의 무덤을 주축으로 대성당이 건축되었다. 입구 대성당의 정면에서부터 건축에 압도되었고 성전 안 어마어마한 규모에 놀라고 조각품에 입이 벌어졌다. 내가 상상해왔던 것 이상의 규모였다.

성전 안 베드로 성인의 청동상은 수많은 순례자의 입맞춤으로 다 달아버린 발 부분을 볼 수 있었다. 또 헬레나 성녀, 베로니카 성녀, 안드레아 성인, 베르니니 교황과 제대부분 등 엄청난 작품들 앞에 멍하게 서 있었다.

살아 움직이는 듯한 섬세함과 생동감 넘치는 조각상들이 나의 정신과 눈을 혼미하게 했다.

나의 발이 멈춘 곳은 미켈란젤로가 24세 조각한 '피에타'상이었다.

숨이 멎을 것 같은 충격이었다. 그 작품은 인간이 조각했다기보다 신이 만든 게 맞는 것 같았다. 어떻게 그렇게 묘사할 수 있다는 말인가.

예술적, 종교적 놀라운 작품이 많았지만 젊고 온화하신 성모님의 얼굴, 돌아가신 힘없이 축 늘어진 예수님을 품에 안고 운명 앞에 거의 순종하는 성모님의 눈빛, 옷과 베일의 천 주름은 사진을 찍은 그것보다 더 선명한 살아있는 듯한 섬세한 표정은 지금도 잊을 수가 없다.

대리석을 깎아 신체표현과 인체의 힘줄을 표현은 조각품의 최고를 보여주었다.

미켈란젤로는 해부학도 공부한 예술가이다.

그리고 대성당의 둥근 지붕 돔도 미켈란젤로가 지휘하여 완성되었다고 한다.

또 미켈란젤로는 교황으로부터 바티칸 시스티나 성당 천장에 열두 사도 그림을 그려달라는 부탁을 받는다. 예술가들 사이에 교황의 부탁을 거절할 것이라고 여겼다. 그 당시 미켈란젤로는 유럽에서 가장 유명한 예술가로 인정받고 있던 터 조그만 경당에 그림을 그리지 않을 것으로 생각했다. 그는 그림보다 조각에 열정을 쏟고 있었기 때문이다. 그런데 미켈란젤로는 교황의 부탁을 받아들여 작업을 시작했다. 그리고 "재능을 하느님을 위하여 쓰겠습니다."라고 말했으며, 그리고 천장에 그림을 열두 사도는 물론, 또 다른 그림도 그렸다. 그의 생애 최고의 설삭품 '천지창조'와 '최후의 심판'을 그렸다. 4년 동안 고개를 젖힌 채 천장을 올려다보며 페인트가 눈에 뚝뚝 떨어지는 고통을 겪으면서 성화를 그렸다. 작업으로 인해 건강도 나빠졌고 너무 늙어버려 친구도 그를 알아보지 못했다. 친구가 "아무도 거들떠보지 않는 곳인데 왜 그렇게 수고를 하는가?" 하자. 미켈란젤로가 말했다. "아무도 거들떠보지 않는

다니, 하느님께서 보고 계시지 않는가, 더구나 주님의 대리자이신 교황께서 미사를 드리는 곳이네. 성경을 주제로 한 그림을 보시고 영적으로 감동한다면 그래서 주님의 양들을 잘 돌보신다면. 미켈란젤로는 확고한 믿음으로 보이지 않는 하느님을 희망하며 평생을 예술에 받친 위대한 조각가이며 당대 최고의 화가였다. 미켈란젤로는 오로지 하느님 영광을 위하여 자기의 재능을 아낌없이 쏟아 부었다.

바티칸 시국과 교황의 안전과 방어를 위해서 1506년에 생긴 스위스 근위대가 있다. 근위대 복장도 미켈란젤로가 디자인했다고 한다.

미켈란젤로는 조각, 회화, 건축을 넘나든 천재였다.

89세 세상을 떠날 때까지 하느님의 영광을 위해 기쁨과 열정으로 생명의 불꽃을 꽃 피웠다. 시신은 고향 피렌체의 산타 크로체 성당에 묻혔다. 그의 무덤은 화려한 조각들로 장식되어 있다.

성 베드로 광장은 대단히 크다. 계단 아래에 있는 베드로 성인과 바오로 성인의 조각은 마치 나를 환영하는 것같이 보였다. 조각가 베르니니 자신도 완성된 작품을 보며 흡족하게 여겼다고 한다.

예술은 인류에게 신이 창조한 순수한 선물이다.

"여러분은 아무도 하느님의 은총을 놓쳐버리는 일이 없도록 조심하십시오." (히브 12.15)

나는 바티칸에서 하느님의 현존을 느꼈다.

하느님은 나에게 조급함과 답답함을 내려놓고 그곳으로 불러 바티칸 시국을 볼 수 있는 은총을 주셨다. 오묘한 방식으로 나를 찾아오신 주님께 찬미와 영광을 드리다.

성전에서 기도했다. 주님께 나의 모든 것을 맡기며, 매사 '잘될 거예요'라고 말했다.

11박 12일 동안 서유럽 여행에 동행한 사랑하는 내 동생 쥬리아와 사촌 언니에게 진심으로 감사드린다.

그분께서 어떤 이들은 사도로,
어떤 이들은 예언자로, 어떤 이들은 복음 선포자로,
어떤 이들은 목자나 교사로 세워주셨습니다.
성도들이 직무를 수행하고
그리스도의 몸을 성장시키는 일을 하도록,
그들을 준비시키시려는 것이었습니다.

(에페 4.11-12)

사랑의 전도사

박해와 원폭 두 수난의 중심지 나가사키로 갔다.

나가사키는 섬과 반도로 이루어졌다.

1945년 히로시마와 나가사키에 원자폭탄이 투하되면서, 일본 천황의 무조건 항복으로 세계 제2차 대전이 막을 내린다.

원폭으로 치명적 피해자이면서 남아 있는 생을 원폭 피해자를 위해 헌신한 나가사키 명예시민 (제1호) 나가이 타카시 박사의 생애를 원폭 자료관에서 만났다. 기념관에는 나가이 타카시 박사가 살아 투병했던 당시의 집이 그대로 보존되어 잘 볼 수 있었다. 박사는 의과대학을 졸업 후 세례를 받았고 신자인 아내와 결혼하여 두 명의 자녀가 있는 아버지다. 오랫동안 의대 방사선과 주임교수로 재직 중 연구해온 방사선 피폭으로 백혈병에 걸렸다. 남은 목숨이 앞으로 몇 년 남지 않았다고 진단받은 날 솔직하게 아내에게 모든 걸 털어놓고 앞으로 어떻게 할지를 생각해 보자고 말했다. 그때 아내는 담담하게 미동도 없이 앉은 채 말을 듣고 있었다. 아내는 신앙심이 깊어 그런 운명은 이미 각오하고 있었다.

1945년 8월 8일 아침 아내는 항상 그러듯이 생글생글 웃으며 출근을 배웅했다.

타가시 박사는 그날 밤은 방공 당번으로 학교에 머물렀다.

다음날 8월 9일 원자폭탄이 나가사키에 떨어졌다. 일대는 검은 연기와 잿더미가 되었고 엄청난 피해와 타고 남은 뼈들이 땅에 뒹굴었다.

상처를 입은 타카시 박사는 문득 아내의 얼굴이 떠올랐지만, 피투성이가 된 부상자들의 구조로 바빴다. 3일째 사상자들의 처치도 일단 끝내고 저녁에 집으로 갔다.

온통 잿더미만 남은 부엌 뒤 타고 남은 검은 숯덩어리를,

아내의 골반과 허리뼈를 바로 찾아냈다. 그리고 그 옆에는 아내의 작은 뼈가 붙은 쇠사슬의 묵주가 있었고 아직 따뜻한 온기가 남아 있었다. 작은 뼈를 가슴에 안고 묘까지 갔다. 이웃 사람들도 모두 죽고 석양빛이 비치는 재위에 검은 유골이 점점이 보였다. 운명이란 모르는 것이다. 아내가 자기의 뼈를 안고 있는 것이 아니라 본인이 바삭바삭 인산석회의 소리를 내는 뼈를 안고 있었다. 귀에는 아내가 "미안해요, 미안해요"라고 말하는 소리로 들렸다.

그때 체험한 원폭 체험기를 '나가사키의 종'을 집필하여 1949년 출판되자 후지야마 이치로가 '나가 사키종'을 노래로 불렀고 또 영화로 만들어 나가사키의 참상이 일본 전국에 알려지게 되었다 박사는 1946년 7월 백혈병의 악화로 병상에 누웠다. 우리 가미 신자들은 박사의 활동에 보답하기 위하여 1948년 작은집을 만들었고 박사는 예수님의 말씀인 '네 이웃을 네 몸과 같이 사랑하여라.에서 이름을 따 '여기당'(뇨코도)라고 붙였다.

타카시는 의학박사이며, 굳은 신앙심을 가진 가톨릭 신자였던 원폭에 아내를 잃고, 자신도 피폭에 백혈병과 싸우면서 죽음의 직전까지 원자병의 연구와 발표를 계속한 박사,'여기 당'에서 "로사리오의 구슬", 평화 탑, 꽃피는 언덕, 사랑스러운 아이야 나가사키의 꽃 등 많은 명작을 남겼고 병이 악화하여 쇼와 26년 43세에 숨을 거두었다.

나가 사기 시 장으로 치러진 장례는 2만 명이 모였고 성당, 절 등에 있는 종이 일제히 울렸다.

예수님을 본받아 오로지 '사랑의 길'을 주님과 함께 죽는 날까지 자신을 희생하며 내어주는 삶으로, 행동으로 복음을 전한 타카시는, 바오로 사도처럼 주님의 월계관을 쓰고 계시리라 믿는다. 그분은 정말 '위대하신 분' 이시다.

슈바이처 박사와 같이 인간애가 넘치는 훌륭한 의사였고 평화를 사랑하고 이웃 사랑을 실천하는 자비로우신 독실한 가톨릭 신자였다. 투병 중에도 지인이나 세계 각국의 사람들에게 평화를 호소했다.

쇼와 23년에 헬렌 켈러 여사가 방문하였고 다음 해 쇼와 천황도 병문안했으며 교황 특사 기르로이주 추기경도 방문했으며 교황님으로부터 묵주도 받았다.

피폭당힌 목각의 성모상

  원자폭탄이 가져다준 엄청난 피해와 전쟁의 기억이 지금의 세대에게는 과거가 되었지만 인류 애로 가득 찬 의학박사, 세계의 평화를 기원하는 작가, 아이를 사랑하는 아버지, 이웃이 존재하기 때문에 내가 존재한다고 생각한 그분의 정신은 미래를 사는 우리에게 평화의 주춧돌이 되고 있다.

 인류는 핵으로 인한 불안감과 공포심을 가지고 있다.
 지금 우리나라는 그런 무서운 핵을 북한과 마주하고 있다. 이렇게 엄청난 재앙 덩어리를 안고 사는 우리나라를 위해 더욱더 깊게 절실하게 가슴으로 기도한다.

 '주님! 이 나라를 불쌍히 여기시고 평화를 주시길 빕니다. 이제는 인류가 핵을 사용하지 않도록 지혜 주시고, 서로 남의 사정을 이해할 수 있는 은총을 주시길 염원합니다.

하느님의 숨결 거룩한 땅

하느님의 흔적을 찾아 이른 아침 길을 떠났다.

주님의 이름으로 함께 모여 1박 2일 성지순례를 가는 저에게 성령으로 이끄시어 해야 할 일을 보여주시기를 청하며 의정부교구에 있는 1. 마재 성가정 성지, 2. 구산성지, 3. 의정부 주교좌성당, 4. 양주순교성지, 5. 남 종삼과 가족묘, 6. 황사영 알렉시오 순교자 묘, 7. 갈곡리 성당, 8. 신암리성당, 9. 참회와 속죄의 성당, 10. 행주 성당까지 10곳을 가기로 했다.

우리에게 희망과 삶의 터전을 마련해 주신 순교자들의 거룩한 신앙을 본받고 배우고자 순례를 시작한다.

> 형제 여러분, 믿음으로 의롭게 된 우리는 우리 주 예수 그리스도를 통하여 하느님과 더불어 평화를 누립니다. 믿음 덕분에, 우리는 그리스도를 통하여 우리가 서 있는 이 은총 속으로 들어올 수 있게 되었습니다. 그리고 하느님의 영광에 참여하리라는 희망을 자랑으로 여깁니다.
> 그뿐만 아니라 우리는 환난도 자랑으로 여깁니다. 우리가 알고 있듯이, 환난은 인내를 자아내고 인내는 수양을, 수양은 희망을 자아냅니다.
> 그리고 희망은 우리를 부끄럽게 하지 않습니다. 우리가 받은 성령을 통하여 하느님의 사랑이 우리 마음에 부어졌기 때문입니다.
>
> 로마서(5.1-5)

주님의 가르침을 실천한 굳건한 믿음으로 하느님을 찬미하며 복음 선포와 신앙의 증거를 멈추지 않았던 마재 성가정 성지에 도착했다.

그곳은 하느님 때문에 박해의 강풍에 순교의 열매를 맺은 곳이다.

정약종(아우구스티노), 다산 정약용(요한), 정약현, 정약전 4형제의 고향으로 한국천주교회 요람지의 하나다. 정약종은 조선 가톨릭교회에서 가장 중요한 인물 중 한 사람이며 2014년 프란치스코 교황에 의해 복자로 시복되었다. 정약종은 1784년 한역서학서를 읽고 권철신, 이 벽으로부터 교리를 받고 천주교 신자가 되었다. 사제가 있지 않은 불모지에서 서적을 통한 깨우침으로 된 셈이다.

평신도가 서적을 통하여 천주교 신자가 된다는 것은 세계

마재성지

에서 전무후무하다.

한국천주교회는 훌륭한 신앙의 선조들에 대한 자부심을 품어야 하며, 순교자의 숭고한 희생과 헌신이 뿌리가 되어 오늘날 우리나라에 천주교가 정착되었다.

조선 후기 실학자들은 왜 모든 것을 버리고 천주교를 선택하였는가?

그들은 살아계신 하느님을 만났기 때문에 하느님의 멍에를 메고 용감하고 기쁘게 앞으로 나갈 수 있었다. 예수님을 따르는 길이 고난과 핍박의 길임을 알고도 내 명예와 내 짐은 나 홀로 지고 가면 무겁지만, 그리스도의 멍에와 짐은 그리스도와 함께 지기 때문에 쉽고 가벼워 하느님의 영광을 위하여 순교의 불꽃이 되었다.

그 확고한 믿음을 보니 온몸에 전율이 흘렀다.

거룩한 부르심의 땅이다. 복음을 선포하고 하느님의 가르침을 따르는 것을 목숨을 지키는 것보다 더 소중하게 여긴 신앙의 선조는, 자손 대대로 영원무궁토록 훌륭한 유산을 남겼다.

4형제 중 정약종은 조선 후기 실학자이면서 한국 최초의 신학자인 그는 죽음의 유혹에도 배교하지 않고, 끝까지 신앙을 지킨 한국천주교회의 기둥이었다. 또 한문을 모르는 사람들에게 교리를 가르치기 위해 한글로 저술한 최초의 순수 교리서인 ≪주교 요지≫를 편찬했다.

중국인 주문모 신부는 베이징교구 신학교를 1회로 졸업하고 1794년(정조 18년) 조선 선교사로 파견되었다.

한국 천주교 창설에 참여한 정약종의 교리 지식의 해박함과 진실함을 알고 주문모 신부님이 한국천주교회 초대 평신도회장으로 그를 임명하였다. 그만큼 신망이 두터웠고, 정약종은 남편으로서 아버지로서 모범적인 신앙인이었다.

아버지 정약종으로부터 시작된 신앙이 두 차례 대박해 속에서 이어져 왔으며 가족 전체가 목숨으로 신앙을 증언하였다.

정약종의 처 유소사 제칠리아와 사녀 징하싱 미오로, 정정혜 엘리사벳은 주문모 신부에게 세례를 받았다.

그러나 1801년 신유박해 때 정약종과 큰아들 정칠상은 순교하였다.

그 후 정하상은 1816년부터 무너져 버린 조선교회의 재건과 성직자 파견을 위해 노력하였다. 성직자 파견과 "영속적

구원을 보장하는 적극적 대책"으로 조선인 출신 천주교 사제 양성을 북경 주교에게 청하였다. 그 후 김대건 안드레아 신부와 최양업 토마스 신부의 유학 및 귀국이 현실화하였다.

또 파리 외방전교회 소속 조선교구 제1대 교구장 브뤼기에르 주교의 지원으로 1831년 9월 9일 교황 그레고리오 16세에 의해 조선교구설정이 세계에 선포되었다. 당시 그레고리오 16세 교황은 "동방에 주님의 기적이 일어났다."라고 크게 기뻐하였다.

1839년 기해박해 때 조선교구 제2대 교구장 앵베르 주교와 정하상도 순교하였다.

유소사와 정하상, 정정혜는 1984년 교황 요한 비오로 2세에 의해 시성 되었다.

정하상은 한국인 최초 호교론서인 ≪상제상서≫로써 박해자에게 천주교의 처지를 밝히고 박해를 그치도록 강력하게 주장하였다.

정하상은 순교함으로써 하느님에 대한 신앙을 증거하고 영생의 영광을 얻었으며 한국천주교회의 신앙을 세계에 굳게 실증하였다.

마재성지는 성지를 찾아오는 이의 가정도 성가정으로 가꾸는데 밑거름이 되는 순례지이다.

마재성지에서 미사 봉헌이 있었다. 거룩한 미사에서 나의 지금 안락한 삶의 자리가 목마름이 아니라 만족할 줄 모르는 메마른 욕망임을 깨달았다. 기쁨과 행복의 원천인 아버지의 영적인 징검다리 위에서 감사를 드렸다. 미사 마치고 안수를 받고 가슴이 뭉클했다.

다음 구산성지로 갔다.

구산성지는 순교자들이 흘린 피로 김성우 안토니오 성인의 고향이자 박해 시대에 많은 순교자를 배출한 유서 깊은 교우

구산성지

촌인 구산 마을에 자리하고 있다. 구산에서 태어난 김성우 성인은 36세에 두 동생과 함께 세례를 받고 친척과 이웃들을 입교시켜 이 지역을 교우촌으로 만들었다. 한동안 유방제 신부를 모시고 회장직을 수행하며 온 마을에 복음을 전한 성인은 1836년 모방 신부가 입국하자 자기 집에 모시기도 했다. 1839년 기해박해 때 체포됐다가 간신히 풀려났고, 1840년 다시 가족들과 함께 붙잡혀 한양 포도청으로 압송되었다. 포도청에서 형조로 이송되어 갖은 고문을 당한 성인은 배교를 강요하는 재판관에게 "나는 천주교인이오. 살아도 천주교인으로 살고 죽어도 천주교인으로 죽을 것입니다."라며 결코 신앙을 굽히지 않았다.

김성우 안토니오는 한국 성인 103위 가운데 71번째 1984년 5월 교황 성 요한 바오로 2세에 의해 성인품에 올랐다. 그리고 9명의 순교자가 탄생한 곳이다.

후손들이 대대로 살아오면서 성인과 순교자의 묘소를 함께 보존해오고 있다.

구산성지에 들어서면 잔디밭에 당시 서울대학교 미술대학 학장을 지낸 고 김세중 화백이 조각한 성모자상이 모셔져 있고, 오른편에는 성인과 순교자들의 묘소가 자리를 잡고 있다. 성모자상과 성인의 묘소는 언제나 이곳을 찾는 순례자들을 기도의 길로 이끌어 주면서 그들에게 마음의 안식을 주고 있다.

성당에서 잠깐 묵상하면서 요한복음이 떠올랐다.

> 예수님께서 그에게 대답하셨다. "누구든지 나를 사랑하면 내 말을 지킬 것이다. 그러면 내 아버지께서 그를 사랑하시고 우리가 가서 그와 함께 살 것이다." (요한 14장 23절)

하느님 때문에 목숨을 던진 사람은 예수님의 말씀을 "듣는" 사람들이었으며, 그분의 말씀을 그대로 실천한 사람들이었다.

순례지에서 성스러움의 경험은 성경 말씀이 가슴에서 움직이는 것이다.

의정부 주교좌성당으로 갔다.

주교좌 의정부성당은 "티 없이 깨끗하신 성모 성심"을 주보로 모시고 있으며, 2004년 의정부교구 출범과 함께 주교좌 의

정부성당으로 승격되었다.

성당 건축은 수직 종탑 등 웅장한 느낌을 주는 고전적인 건축양식을 보여주며 6·25전쟁을 전후한 시기의 건축의 변화를 잘 보여 건축사적 가치가 높다고 평가되어 경기도에서 오래된 성당으로 문화재 자료 제99호로 지정되었다.

아쉽게도 주일학교 미사 중이라 성전에는 들어가지 못했다.

마당에 성모님 상과 김대건 신부님 상이 있고, 한쪽 옆에 우리농 매장에서 과자를 구매해 먹으며 휴식했다.

"하느님께서는 찬미 받으소서.
그분의 위대한 이름은 찬미 받으소서." (토빗 11장 14절)

다음은 양주 순교자성지로 갔다.

경기도 북부 지역 신앙 공동체는 1801년 신유박해로 커다란 타격을 받았으나 박해가 진정되고 선교사들이 입국하면서 재건 속도가 빨라져 1830년대 초 고양高梁 지역에선 70~90명 규모의 신앙 공동체를 형성할 수 있었다. 1866년 병인박해가

양주순교자 성지

일어나자 양주 관아는 순교자들의 피로 적셔졌다. "치명 일기"에 의하면 바로 이곳에서 홍성원 아우구스티노, 김윤오 요한과 권 마르타 부부, 김 마리아, 박 서방 등 5명이 순교했다. 양주 관아는 1506년 현재 위치에 설치되어 1922년 시 둔 면(현 의정부시 의정부동)으로 이전될 때까지 417년간 양주목 楊州牧을 관할한 행정관청이었다. 양주시는 1997년 양주목사의 집무처인 동헌의 복원을 시작으로 여러 번의 발굴조

사를 반영하여 2017년 동헌부의 부속건물과 내아를 복원했다.

증언을 통해 오래전에 순교지라는 표지석이 있었던 자리를 확인하고 새롭게 찾아내 성역화를 진행하고 있는 성지이다.

다음 성 남종삼과 가족묘를 향했다.

남종삼 성인 '승지'라는 직책으로 103위 성인 가운데 가장 높은 벼슬에 올랐던 분이다. 천주교 입교로 관직에서 물러나 신앙생활에 전념하였다.

하느님 때문에 모든 것을 버린 분이다.

묘소가 산 중턱에 있어 땀을 흘리며 한참을 올라갔다.

이곳은 남종삼 요한 성인과 그 가족의 묘소로 성인과 함께 순교한 부친 남상교(아우구스티노)와 부인 이조이(팔로메나)의 묘와 아들 남규희의 묘가 있었다. 남 종삼은 1866년 병인박해가 일어나 서소문 밖에서 참수형을 받고 50세 순교하였다.

1909년 유해가 발굴되어 명동성당에 안치되었고, 시복을 계기로 1967년 다시 절두산 순교성지 성해시로 옮겨져 안치

되었다.

이때 성인의 유해 일부를 가족 묘소인 장흥면을 대리에 모셔 안장하고 새 묘비를 세웠다.

순례 일행은 존경심으로 순교자에게 바치는 기도를 드렸다. 앞이 탁 트인 북한산 풍광에 숨을 고르며, 함께 간 가이드가 테너로 그리운 금강산을 멋지게 불렀다. 금강산의 빼어난 절경과 분단으로 왕래하지 못하는 아름다운 금강산에 가고 싶다는 내용이다. 만감이 교차하여 상기된 얼굴로 한참 앉았디 내려왔다.

다음은 황사영 알렉시오 순교자 묘를 갔다.

황사영 알렉시오는 16세의 어린 나이로 급제하여 정조 임금의 총애를 받았다.

그러나 천주교의 오묘한 진리에 깊이 매료되어 입교하였다.

그 후 활짝 열려있던 출세의 길을 마다하고 고난과 박해만이 기다리는 신앙의 길을 흔들림 없이 걸어갔다. 부인 전 난영이 배론의 토굴에 숨어 신유박해의 상황과 대비책을 적어 북경 주교에게 보내려고 준비했던 '백서'는 젊은 학자의 용기

황사영 알레시오 묘소

있는 표현이며, 귀중한 교회사 자료이다.

황사영은 1801년 신유박해 때 순교하였다. 부인 정난주는 제주 대정현에 관노로 유배되었고, 외아들 황경한은 추자도에 남겨져 선종하였다.

180년 동안 황사영의 묘를 찾지 못하다가 1980년 후손들과 학자들이 현재의 묘를 발견하여 묘역이 조성되었다.

황사영 순교자는 현재 시복 절차가 진행 중이어서 시복과

도로 확장공사 상황 등에 맞추어 교회법적 절차에 따라 최종 발굴을 준비하고 있다.

다음날 갈곡리 성당으로 갔다.
미사 시간이 오전 8시라 서둘러 성당으로 갔다.

"그리스도의 종으로서 하느님의 뜻을 진심으로 실행하십시오."
(에레6.6)

성당 벽면 현수막 말씀에 정신이 번쩍 들었다.
갈곡리는 칡이 많아 칡의 계곡으로 불렀다.
1986년 풍수원에서 박해를 피해 인근 우골에 정착하였던 신자들이 많아져 교우촌을 이루었고, 그들은 옹기를 만들어 생계를 유지하였다.
칠을 공소(현 갈곡리 본당)는 하느님의 종으로 불림. 김정숙 마리안나 수녀(1903~1950)와 김치호 베네딕도 신부(1914~1950)의 남매의 고향이다.
남매는 1950년 한국전쟁이 발발하기 전부터 북녘 땅에서 맡은 소임을 하고 있었다. 누나 김정숙 수녀(살트로 성 바오로 수녀회)는 황해도에서, 동생 김치호 신부(베네딕도회 한국인 최초 수도사제)는 함경도에서, 각각 서쪽과 동쪽으로 나뉘어 주님을 섬기고 복음을 전파하며 살다가 비슷한 시기에 공산당에게 희생되었다.

갈곡리 성당은 남과 북의 중간지역에 있다. 중간지역 칠울에서 태어나 북녘땅에서 순교한 '하느님의 종' 남매의 순교가 민족 화해와 일치의 밑거름이 되어 이 땅에 주님의 평화와 은총이 영원하기를 빈다.

이곳에 1908년에 뮈 델 주교가 직접 방문하여 머물렀다.

갈곡은 유서 깊은 신앙촌답게 현재 많은 사제와 수도자를 배출하였다.

신암리 성당으로 갔다.

신암리는 조선 말기 박해를 피해 형성된 교우촌이다.

이곳은 오래된 교우촌으로 이춘근 라우렌시오(베네딕도회) 신부가 태어나고 자란 곳이다. 이춘근 신부는 서울교구 사제로 서품받은 뒤 수도회에 입회하였고, 1950년 평양에서

신암리성당

순교하였다.

한국전쟁 때 폭격으로 성당이 초토화되었으나 1953~1955년까지 신자들과 영국 군인들의 도움으로 공소를 재건하였다. 2007년 공소 설립 100주년 기념 성전을 신축 봉헌하였다.

다음은 참회와 속죄의 성당으로 갔다.

전쟁의 상처와 아픔을 참회하고 속죄하며, 우리 민족의 화해와 일치를 염원하는 기도의 성전이다.

남북 분단 후 대립과 반목으로 잊혔던 북녘 교회의 역사와 신앙의 증거자 들을 기억하고 기도하며, 시복시성 청원 중인 하느님의 종들 가운데 101위가 북한지역에서 출생 또는 순교

하였다.

아주 정교한 성전 안 유리 모자이크는 서울대교구 장긍선 신부가 디자인하고, 북한 평양 만수대 창작사 '벽화창작단' 공훈 인민 작가 7명에게 의뢰하여 완성한 '유리 모자이크화(제대 위 반원형 천장)'는 충격적이었다.

유리 알갱이가 약 1.5t 사용, 중국 단둥에서 40일 만에 제작한 것을 옮겨와 5개월에 걸쳐 부착했다고 한다.

평화의 복음을 선포하는 그리스도 왕께 남한과 북한지역의 순교 성인들이 함께 한반도의 평화를 위해 간구하는 내용이다

그리고 한쪽에 사진전을 하고 있었다. 함경남도 덕원 성 베네딕도 수도원 성당과 평안도 지역에서 메리놀 선교회 회원들의 건축 때 성당 모습이 있었다.

책으로는 보았지만, 실제 북녘땅 가까이서 보니 하느님이 얼마나 이 상황을 안타깝게 생각하실까 생각하며 간절함을 담아 평화 통일을 기원해 본다.

순례를 마치며 평소 주님이 나를 부르시면 못 들은 척, 누구요, 저요? 난 싫어요. 꼭 해야 하나요? 제가 왜요? 라면서

이리저리 핑계를 대며 피했다.

주님의 말씀을 제대로 알아듣기 위해 나와 하느님 사이 방해하는 것이 무엇인지, 나를 괴롭히고 부정적인 감정을 일으켜 평화를 앗아가는 것은 무엇인지, 하느님이 나에게 드러내시고자 하는 것이 과연 무엇인가를 곱씹고 또 곱씹었다.

순교자들은 자기 자신보다 십자가에 못 박히신 예수님을 더 사랑했다. 나는 그분들을 본받고자 순례길에 서 있다.

현재의 나를 정화해야 한다. 주님의 십자가 위에 몸을 굽혀 온갖 가시에도 인내하는 삶이 되어야 한다.

나를 잃을까 하는 두려움 때문에 어정쩡하게 살면 안 된다.

복음으로 살아가려고 노력해야 한다.

복음의 기쁜 마음이 내 안에 요동쳐야 세상의 유혹을 이기고 온유하고 겸손한 인간으로 변화를 꿈꿀 수 있다.

주님! 저의 위선과 결점을 받아주십시오. 제게 주어진 십자가를 불평불만 하지 않고 기쁜 마음으로 짊어지고 갈 수 있도록 이끌어 주십시오.

주님은 나에게 매일 쉼을 주려고 부르고 계시는데 왜 머뭇거리고 있을까. 하느님의 사랑과 자비를 믿지 못하고 헤매고 있지는 않은지.

그렇다면 하느님에 대한 나의 믿음은 위선이었을까.

결국 예수님을 십자가로 내몰아 매달리게 한 '나'를 보며, 이중적인 악습에 놀랐다. 그래도 끈을 놓지 않으려고 비틀거리며 주님께 매달려있는 가엾은 나의 모순된 모습을 본다.

주님! 분다를 가엾게 여기시고 자비를 베푸소서.

"그이의 그늘에 앉는 것이 나의 간절한 소망, 그이의 열매는 내 입에 달콤하답니다." (아가 2장 3절)

그리고 주님의 현존하는 성지로 순례를 계획하고 동행한 사랑하는 친구에게 고마움을 전한다.

주님의 축복과 평화를 빈다.

나를 따라오너라.
내가 너희를 사람 낚는 어부가 되게 하겠다.

(마태8.22)

자랑스러운 나의 조상 순교 성인들

한 알의 밀알이 떨어져 썩어야 많은 열매를 맺듯이 신앙이란 진리의 열매를 얻기 위해 우리나라에 1784년 복음의 씨가 뿌려져 새싹도 돋아나기 전부터 갖은 유혹과 박해에도 흔들림 없이 신앙을 증거가 되기 위해 끝까지 포기하지 않고 모든 힘을 쏟고 순교하였다. 선조들의 믿음은 하느님의 영광을 위해 어떠한 역경에도 굴하지 않고 꿋꿋했으며 목숨까지 버릴 수 있었다. 한국천주교회는 200주년 해인 1984년 5월 6일 103위 한국 순교성인 시성식을 요한 바오로 2세 교황님의 집전으로 이루어졌다. 한국인 최초의 사제인 김대건 안드레아와 평신도 정하상 바오로를 비롯한 103위의 성인·성녀를 탄생시켰고, 당신의 역사하심으로 큰 영광의 날이 세계에 알려졌다.

주님 대리자인 교황님을 보내주시어 시성식의 은혜로 순교 성인에 대한 존경심과 축복받은 후손임을 자랑스럽게 여기며, 피로도 잊은 채 신자들은 버스로 열차로 100만여 명이 대이동을 하였다. 모든 행사가 끝난 후 주변을 깨끗하게 정리를 잘했던 기억이 난다.

그날의 감동과 영광은 주님을 통하여 모든 그것이 존재하는 것임을 깨닫고 절체절명의 상황에서 주님을 향한 일편단심으로 희망을 꿈꾸며 환희의 송가로 생명을 봉헌한 것임을 피부로 느꼈다. 새삼 위대하고 대단한 순교자들의 후손임에 자부심을 품는다.

거룩하고 아름다운 순교자들의 피와 눈물은 하느님을 향한 신앙을 지키기 위한 최고의 선택이었으며 참으로 영광스러운 순교자들이여 간절히 청하오니 저희도 그 영광을 생각하며 본받게 도와주소서.

돌이켜보니 어린 나이에 아버지 따라 성당에 갔다.

자유분방으로 뛰어다니다 혼이 난 기억과 조용하고 엄숙한 분위기에 주눅 들어 한참 동안 헤맸던 부끄러운 추억과 아버지께 야단맞은 기억이 있다.

아버지는 신앙이라는 위대한 유산을 남겨주신 자랑스러운 분이다. 온화하고 침착한 성품이신 아버지의 따사로운 손길이 지금도 느껴지곤 한다.

결혼하여 아버지처럼 자녀들에게 신앙을 유산으로 물려 주려고 나름대로 노력을 하고 있지만, 기도가 부족한지 나의 바램에 차지 않는다.

모니카 성녀가 아우구스티누스 성인에게 훌륭한 신앙을 위산으로 물려주려고 오랜 세월 기도와 정성으로 노력했듯이, 작은 신앙이지만 나의 자녀들도 설망과 고동의 고비마다 주님께 의탁하여 지혜를 구하기를 기도한다. 병든 우리 영혼에도 용감하신 순교자들의 정신을 본받을 수 있는 믿음을 주시길 청하며, 자신이 하느님께로 받은 탤런트와 자기 능력을 충분히 활용할 수 있는 자리를 찾아 하느님의 더 큰 영광을 드러내며 살기를 희망한다.

영원한 생명이란
홀로 참하나님이신 아버지를 알고
또 아버지께서 보내신
예수 그리스도를 아는 것입니다.
(요한17.3)

사랑을 배운다
– 부산교구 교정 사목 설립 40주년을 맞아

우리 사회의 가장 무서운 질병은 한센병이나 암이 아니라, 이웃에 대한 사랑과 자비심 부족은 아닐까 생각해 본다. 순간의 잘못으로 교도소에 수감 중인 자들, 가난과 질병으로 고통받는 사람들에게 따뜻한 마음으로 대하였을까, 내 안에 냉담함과 무관심이나 오히려 피하고 싶은 마음은 없었을까 돌이켜 보는 계기가 된다.

하느님의 말씀을 새겨본다.

'너희가 내 형제들인 이 가장 작은 이들 가운데 한 사람에게 해준 것이 바로 나에게 해준 것이다.'(마태오 25.40)

부산가톨릭 문인협회에서 주최하는 부산교도소 수감자들을 위한 '주님 사랑 글 잔치'에 참여했다. 협회의 선용 고문님께서 수감자들이 글쓰기를 통해 마음의 상처를 치유하고 새로운 희망을 찾게 하고자 시작한 행사가 올해 9회를 맞이하였다고 하셨다. 이 행사가 지금까지 꾸준히 이어올 수 있었던 것은 하느님의 말씀을 실천해 오신 고문님과 역대 회장님들

의 노고 덕분이라 여긴다. 그리고 선배님들과 회원님들의 아낌없는 협조가 있었기 때문에 가능했을 것이라 믿는다.

무엇보다도 수감자들에게 글쓰기와 친밀해질 수 있도록 한 사람 한 사람의 손을 일일이 잡아주시며 글을 쓸 수 있게 용기와 격려하시며, 수감자들의 마음을 움직여 작품을 출품할 수 있게 해주신 장 마리요한 수녀님, 교정 사목 담당 원정학 바오로 신부님께 감사드린다.

신부님과 수녀님은 어버이 같으셨다. 그분들에게 순수한 사랑을 느낄 수 있게 해주신 자비심은, 부족한 내 마음도 닮고 싶었다. 하느님 사랑을 실천으로 보여주신 모습이다.

올해도 어김없이 교도소 담당 수녀님께서는 4월 초~5월 말까지 수감자들의 원고를 모아 가톨릭 문인협회에 보내 주셨다. 작품 30편이 접수되었다. 수필 10편, 시 19편, 소설 1편이었다.

수용자들의 작품에는 지치고 힘든 고통이 녹아 있었고, 그 고통을 견디고 사랑과 희망을 싹틔우겠다는 각오와 영혼의 자유를 소망하는 간절한 작품들이 많았다. 그럴 뿐만 아니라 하느님을 찾아가는 그들의 여정과 사랑을 체험하는 눈물겨운 과정들이 작품에 보였다. 또 신부님과 수녀님에 대한 고마움과 감사함이 절절하게 표현되었다. 내용의 공통점은 혼란스러운 마음을 추스르고 새로운 삶을 향해 출발하고자 하는 노력을 엿볼 수 있었다. 그중에서 수상작을 선별하였다.

작품들을 장르별로 선별하여 부산가톨릭 문인협회 회장단에서 선정한 심사위원들이 심사하여 등수를 정하였다. 사랑상, 믿음상, 소망상, 평화상이라고 '상' 이름을 붙였다.

"주님 사랑 글 잔치" 행사가 시작되었다. 일반적으로 행사는 오후 1시 미사 영성체 후 시상하는데, 올해의 잔치는 부산교구 교정 사목 설립 40주년을 맞아 1시간 20분간 진행하였다.

1부는 정재분(동시) 님 진행으로 "주님의 기도"로 시작을 알렸다. 교도소 담당 원정학 신부님 인사와 정 효모 회장님 인사에 이어 김태수 시인님이 작품 심사평을 해주셨다.

상장 수여는 작품을 내신 수용자 전원에게 하였다. 수상자들에게 상장과 함께 부상으로 영치금과 회원들의 시집, 수필집, 우리 협회 계간지 등을 전달했다. 수상한 작품들은 수상자가 직접 낭송을 하였다.

낭송은 1등 사랑 상을 받은 라파엘 형제님의 시 〈무제〉를 낭송하였고, 2등 형제님의 소망상 수필 〈상여〉를 낭송했다. 그분들의 낭송을 들으며 자신의 진솔한 모습과 혼란한 마음 외로움들이 나타났고, 엉킨 자신의 삶을 천천히 푸는 법을 터득한 내용은 모두의 응원을 받았다.

2부 축하공연이 시작됐다. 우리 회원 시 낭송으로 문을 열었다. 오원량 시인의 〈어머니 울타리〉, 최옥자 시조 시인의 무용, 조규옥 시인의 〈초록 손바닥〉을 낭송하였다. 시인들의 낭송은 마음의 울림이 컸다. 최옥자 시조 시인의 고전 춤에 수용자들은 평생에 처음 보는 춤이라고 감탄하며 감사한 마음의 표현과 극찬을 아끼지 않았다. 모두가 환한 표정으로 공연을 감상하며 즐거워하는 모습을 보니 명달아 흥겨웠다. 출연한 모두에게는 하느님의 은총이 내리기를 기원했다.

행사 중간에 퀴즈를 냈고, 정답을 맞힌 사람에게 과자와 초콜릿을 주었는데 작은 선물에도 행복한 표정이었다. 진행하는 동안 어린아이처럼 수용자들의 호응도 좋았고 사회자의 재치도 빛났다.

행사를 앞두고 회장님의 아이디어로 교도소 수용자를 위하여 급하게 가톨릭 문인협회 '앗숨' 합창단을 창단하였다. 연습할 장소도 마땅한 곳이 없어 수필가 김영곤 신부님께 부탁드려 구포성당에서 연습하기로 했다. 행사 때마다 반주해주신 류선희 시인님이 몸이 불편하여, 반주자를 급히 구해 빡빡한 일정에 연습도 부족했고, 연세 높은 합창단원들의 합창 소리가 마치 속삭이는 듯이 들렸다. 교도소 담당 신부님께서 옷은 예쁘게 입고 기대했는데 합창을 들으며 부모님 생각을 떠올렸다고 하시니 웃음이 절로 나왔다,

마지막으로 수용자의 합창이 우렁차게 강당 안에 퍼졌다. 합창 소리에 참석한 모두의 가슴이 요동쳤고 눈가도 촉촉하며 박수 소리가 끊이지 않았다. 나는 어떻게 이들을 사랑으로 안아야 할지…, 비로소 사랑을 배운다. 신부님 강북으로 대단원의 막은 내려졌지만, 그 여운은 오래 내 곁에 머문다.

잔치가 끝나고 집으로 돌아오면서 생각한다. 누군가를 진정으로 사랑하기보다는, 나 스스로, 마치 판사가 된 것처럼 남을 비판하고 심판하기를 좋아했는가. 공동체에서 하나 되

기보다 나 개인이 돋보이려고, 내가 최고가 되기를 아우성치지는 않았는가. 나를 돌아보며 부끄러움에 몸을 낮추어 작은 이가 된다. 그래도 오늘은 주님께 사랑할 수 있는 겸손을 청해본다.

우리 가운데에는 자신을 위하여 사는 사람도 없고
자신을 위하여 죽는 사람도 없습니다.
우리는 살아도 주님을 위하여 살고
죽어도 주님을 위하여 죽습니다.
그러므로 우리는 살든지 죽든지 주님의 것입니다.

(로마14.7-8)

산달도 공소

경남 거제에 있는 작은 섬 산달도 는 거제도와 한산도 사이에 있는 섬으로 3개의 봉우리가 있으며 그 봉우리 사이로 철따라 달이 떠올라 산달도로 부르게 되었다고 한다.

현재는 산달도에 다리 공사가 한창이었다.

그 다리가 개통되면 이제까지 주민들의 유일한 교통수단이었든 법동마을에서 산달 도로 들어가는 카페리호는 이제 다시 볼 수 없는 역사 속의 유물로 남게 된다. 운행 거리는 1.3킬로 짧은 거리로 사람뿐만 아니라 차도 싣고 다닐 수 있는 차도 선이었다.

해안의 뛰어난 절경 덕에 전국각지에 많은 여행객과 낚시꾼들이 철마다 찾아오는 작지만 넉넉한 섬 산달도 는 굴 양식과 싱싱한 감성돔이 주민들의 수입이었다.

120여 가구의 250여 명 주민이 사는 정겹고 친절하고 소박한 섬이다.

산달도 는 우리 본당 성가대 단원 지인이 대장암 수술을 받고 힘들어하였다. 치료 도중 넉넉한 고향에 요양차 들어가 아름다운 환경과 이웃들의 배려로 편하게 지내 치유가 된 분 초대로 가게 되었다.

마침 그분도 우리 본당 신부님을 잘 알고 있는 신자 분이라 신부님도 함께 초대 하셨다.

본당 주일 낮 미사를 마치고 미사 도구를 챙겨 산달도 공소에 도착하니 오후 4시쯤이었다.

공소에는 산달에도 계시는 신자들이 우리 일행을 기다리며 반갑게 맞아주었다.

신부님이 오셔서 미사 집전한다고 하니 모두 일손을 멈추고 전 신자가 다 모였다.

모두 14명이었다.

미사는 은혜롭고 활기찬 가운데 봉헌되었다.

반주는 없어도 모두가 열심히 성가를 부르고 평화의 인사 때는 반가운 얼굴로 손을 잡고 행복한 미소와 기쁨이 넘쳤다.

공소는 마산교구 소속인데 2달에 한 번 신부님이 오셔서 미사를 봉헌한다고 말씀했다.

요즘도 신부님이 계시지 않아 미사를 봉헌 못 하는 곳이 있다는 사실에 놀랍다.

초대교회 종교박해로 어렵게 종교 활동을 이어온 우리 선조들이 희망의 빛을 찾아 공소예절을 드렸던 모습들이 눈에 선하다.

산달도 신자들의 순수하고 어린아이처럼 맑고 깨끗한 영혼으로 신부님과 함께 미사에 몰입하는 모습이 신정한 교회의 참모습을 보는 것 같았다.

주님을 믿고 따른다는 것은 우리의 몸과 영혼을 온전히 그분께 내어 드리는 것으로 생각한다.

공소 신자들을 보며 자연의 섭리에 순응하며 주어진 환경에 겸손하게 적응하며 감사함이 몸에 배어 있었다. 주님과 함께 살며 성사 안에서 늘 그분을 그리워함을 느꼈다.

  같은 신자임에도 이분들은 신부님을 하느님 모시듯이 극진한 마음으로 환영하는 것을 보면서 일상을 신부님과 같이 지내면서도 불평불만이 많은 우리와는 정말 대조가 되었다.

  공소 앞뜰에 예쁜 성모상이 돌로 꾸며져 산달도 섬을 지키고 있었다.

  성모상을 만들기 위하여 전 신자가 한 가족처럼 많은 시간을 들여 헌신과 노력으로 아름다운 성모님을 꾸몄다고 자랑하였다.

  담장도 없이 공소의 문을 활짝 열어 여행객과 이방인들에게도 개방된 평화로운 섬이었다.

  제대와 의자는 부산에 있는 성당에서 성당을 새로 증축하며 의자 교체 때 수녀님이 갖다 주셨다고 말했다.

  이곳 아담하고 평화로운 공소에서 내 마음의 문을 두드리고 계시는 주님을 만날 수 있었다.

  삶에 참으로 소중한 것들이 무엇인지 깨달으라고 부르신 것 같았다.

우리 일행을 위하여 신자들이 저녁 만찬을 준비해 놓았다. 싱싱한 감성돔과 장어탕은 부산에서는 맛볼 수 없는 별미였다.

어촌계장과 주민들이 직접 마련한 음식은 무공해 유기농으로 한 상 가득한 분위기에 우리를 즐겁게 했다. 아울러 정성이 듬뿍 담긴 음식은 까칠한 도시의 인심과는 사뭇 달랐다.

이곳에서 극진한 대접을 받고 돌아오는 배 안에서 하늘을 바라보니 별들이 쏟아지고 있었다.

    행복하여라. 마음이 깨끗한 사람들! 그들은 하느님을 볼 것이다.
    - 마태 5.8절

3부
꿈을 색칠하다

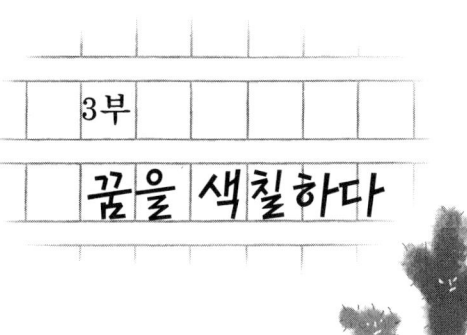

생명의 물

작년 6월 달맞이 본당에서 하늘 공원으로 전출 가신 신부님의 영명축일이다. 신부님은 본당이 아닌 하늘 공원에 사목하시어 축일을 해주실 분은 돌아가신 분뿐이어서 우리 신부님이 초대하신 것이다. 미사는 신부님 두 분이 함께 집전하시며 강론은 하늘 공원에 사목하시는 신부님이 하셨다.

하늘 공원으로 오는 망자의 모습을 상세하게 설명해주셨는데 어떤 분은 많은 신자들의 기도 속에 오고 또 어떤 분은 외롭고 쓸쓸하게 몇 사람만 서글픈 모습으로 온다고 했다.

강론을 들으며 잊고 있던 마지막을 떠올리니 두렵고 가슴이 답답했다.

만일 내가 죽는다면 "누가 나를 위해 울어줄 것인가? 나는 누구를 위해 울어주었든가?"를 생각해 보았다.

산다는 것은 살아있는 하느님의 생명수를 자신과 이웃에게, 사랑으로 나누며 감사로 성장해야 한다고 배웠다. 나에게 행동하는 믿음은 참으로 어렵고 힘든 숙제이다. 인내가 부족함을 어떻게 극복해야 할까.

미사를 통해 두 분 신부님이 제대 위에 생명의 물을 나누고 함께 하는 모습은 우리를 숙연하게 했다. 정이 많은 본당 신부님을 통하여 선후배의 사랑과 아름다운 배려를 보여주었고, 두 분은 하느님 섬김의 삶을 보여주어 가장 잘 봉사할 수 있는 자리에서 빛이 난 것이다. 하느님의 이끄심에 온전히 맡기며 사시는 신부님께 감사와 찬미를 드린다.

요한 바오로 2세 교황님께서 시성 된다는 기사를 보며 기뻤다. 그분은 58세에 455년 만의 비이탈리아인이 264대 교황님으로 선출되셨다. 교황이 되시자마자 가난하고 소외된 이들을 가장 먼저 찾으신 분이며, 교회가 세상을 위해 무엇을 해야 할지 늘 고민하셨다. 권위와 권력이 아닌 진정한 소통을 위해 세상을 품고 사신 분위기 때문에 당연히 성인품에 오르심이 맞다. 요한 바오로 2세 교황님의 삶을 보면 뭉클한 울림을 받았다. 9살 때 어머니가 돌아가셨고 9개 국어를 구사했으며 38세 때 주교님이 되셨고 역사상 처음으로 '선교'를 빌미로 묶인됐던 그리스도인들의 엄청난 죄악들, 십자군 전쟁과 종교전쟁, 이단 재판과 마녀사냥, 갈릴레오 사건과 금서목록 같은 중세기에 저지른 죄를 참회하고 용서를 청했다.

그리고 우리나라를 2번이나 방문하신 분이시며 먼발치에서나 뵙고 미사에 함께 할 수 있어서 참으로 영광스럽게 생각한다.

"예수 그리스도는 어세나 오늘이나 변하시 않는 영원하신 분"임을 늘 강조하시면서 평생 평화와 화해를 강조하며 사셨다.

일화로 이탈리아 빈민가에 떠돌이로 사는 환속 사제를 교황청으로 불러 교황님이 직접 무릎 꿇고 그 사제에게 고해성사를 보았다. 얼마나 겸손하고 위대한 사랑인가. 환속 사제에게 다시 생명의 물을 마실 기회를 주신 은혜에 감동과 감사를 드린다. 그 후 그분께 빈민가에서 새로운 삶을 살도록 길을 열어주셨다. 얼마나 자비로운 분인지를 보여 준 것이다.

 여러 가지 어려움을 사랑으로 껴안아 주셨고 한 사제를 구원해 주셨다.

꼰대

우리가 흔히 쓰는 은어 중에 '꼰대'라는 말이 있다. 국어사전에는 손아랫사람에게 불필요한 권위를 행사하는 사람, 자기 생각이나 방식이 옳다고 여기는 권위적인 사람, 구태의연한 사고방식을 타인에게 강요하는 사람을 꼰대라고 한다. 간혹 고등학생이 거들먹거리며 무게를 잡고 중학생에게 "너희, 지금 놀 때가 아니다. 나처럼 후회하지 말고 공부해라."라고 윽박지르던 모습은 전형적인 꼰대의 모습이라 할 수 있다.

얼마 전 친구의 아들을 만났다. 그는 어릴 때 화가 나면 고함을 지르던 개구쟁이였다. 나는 과거의 기억을 무기 삼아 그의 모두를 알고 있는 사람처럼 비아냥거렸다. 그동안 그가 얼마나 진지하게 자신을 가다듬으며 살아왔는지 알아보지도 않고, 점잖은 품성을 갖추기 위해 그가 노력한 것은 내가 알 바 아니라는 듯이 가볍게 여겼다. 나는 무서운 편견에 사로잡혀 미처 그의 눈부신 성장을 알아보지 못했다. 과거의 그에게 집착하며 현재의 그를 이해하지 않았다. 그는 예의범절을 갖춘 멋진 남자로 변신해 있었다. 내 굳어있던 독선이 그와의 소통을 가로막는 걸림돌이 되었다. 그의 일부를 알고 있다는 오만에 사로잡혀 눈앞에 보이는 변화를 보지 못한 꼰대가 바로 나였다. 나는 내가 만든 단단한 생각의 벽을 몇 겹씩 쌓아 나쁜 기억에 의존해 왔다. 필요 없는 틀 속에 갇혀 사는 꼰대 같은 자신이 부끄러웠다.

주변 사람과 단절된 꼰대는 자칫 외톨이가 되기 쉽다. 어쩌면 나이가 들면서 아집에 사로잡혀 타인에 대한 착한 마음의 나눔마저 줄이고 사는 것이 아닐까. 종종 내 마음대로 판단하는 독한 마음에 누군가에게 험한 말을 할까 두렵기도 하다. 나에게 절실한 것은 변화를 감지하는 말과 행동이다. 상대와 처지를 바꾸어 생각하면 딱딱한 마음이 말랑말랑해질 것이고, 상대를 너그러운 눈빛으로 바라보면 침침한 눈이 조금 밝아질 수 있을 터이다.

올해 시어머님이 95세가 되었다. 몇 달 전 넘어져서 골반에 실금이 생겼다. 의사는 연세가 있으니 입원을 권유했지만, 어머니는 코로나19로 홀로 병원에 계시지 않겠다고 고집을 부리셨다. 할 수 없이 통근 치료를 받았는데 다행히 회복이 잘되었다. 어머니는 옛날에는 이런 것은 예삿일이라며 항상 당신 말씀만 옳다고 하신다. 남편은 시어머니와 옥신각신하다가 어머님 하시고 싶은 대로 하시라며 져 주었고 며느리인 나와도 자주 부딪힌다. 나는 완전히 생각이 굳어버린 어머니께 가끔 불만을 터뜨리는데 쉽게 고쳐지지 않는다. 어머니와 나는 똑같이 자기만 옳다 우기며 자기감정만 내세우는 꼰대가 아니었을까.

곰곰이 생각해 본다. 왜 악순환의 반복을 무시하면서 스트레스를 받고 사는지. 나는 선입견과 완고함으로 무장하고 상대를 판단하는 것이 문제이다. 어머니와 잘 지내면 될 터인데 양보 없이 고집을 내세우니 답답하기는 매한가지일 것이다. 95년을 살아온 어머니의 사고방식과 생활 습관을 하루아침에 바꾸기는 어렵다. 나 역시 늙어간다는 사실을 인정하고 나이가 든 어머니의 입장이 되어 '그럴 수도 있다'라고 이해하는 힘을 기른다면 더 불편하지 않을 것이다.

나는 기도한다. 진실로 꼰대에게서 벗어나고 싶다. 어머니와 행복하게 살려면 꼰대의 속 좁은 마음을 활짝 열어야 한다. 선한 말과 행동을 실천하고 싶다. "기적이 없다는 듯 살지 말고 모든 것이 기적인 듯 살아가라"라고 말한 아인슈타인의 인생사는 방법을 떠올린다. 나는 어머니와 기적처럼 잘살아 보려고 '꼰대 탈출'을 선언한다.

나를 보게 하소서

 가끔 어디 기댈 곳도 함께할 사람도 없이 홀로 외롭게 서 있다는 생각이 듭니다.
 그러면 힘세고 멋지고 지혜롭고 모든 걸 인내하는 사람. 내가 넘어지면 언제든 받쳐줄 든든한 버팀목을 찾아갑니다. 그분은 늘 나를 기다리고 계시는 하느님입니다.
 인생이라는 무대는 연습이 없습니다. 하루하루가 실제 공연입니다.
 단역이라도 오늘 내가 맡은 역할을 멋지게 해내려는 노력에 참 의미가 있겠죠.

감정의 롤러코스터를 타고 하루하루를 버겁게 살아가는 것은 왜일까요?

삶이 아름답게 익어 간다는 것은 무엇일까요?

육신의 아름다움뿐만 아니라 영혼의 아름다움을 볼 줄 아는 눈은 정말 아름답습니다.

호두껍데기 안에 가두어두었던 내 마음을 내 이웃을, 온 세상을 향해 여는 모습이 인간다운 모습입니다

끝과 시작은 반대말처럼 들리지만 무언가 끝날 때는 무엇을 시작할 때와 겹치게 됩니다. 그래서 다시 새롭게 시작합니다. 또 일어서서 새로운 여정의 첫 발자국을 힘차게 내딛습니다. 짧은가 하면 긴 것이 세월이고, 약한가 하면 강한 것이 청춘이고, 무거운가 하면 짊어지고 가면서 그런대로 기쁨과 보람도 느끼는 것, 그것이 삶의 무게라고 합니다.

여유와 평화가 있어야 자연도 사랑하고 인간도 사랑하고 예술도 사랑합니다.

마음은 씨앗 하나만 심어도 금세 싹트는 푸른 벌판이 되는데 마음의 문을 닫아버리면 허허롭기 짝이 없고 생명이 자랄

수 없는 '황무지'가 됩니다.

'평탄한' 삶은 이 세상에 존재하지 않는지도 모릅니다. 때로 밑지는 장사도 하고 때로 공짜로 얻기도 하고 그냥 그렇게 살다 보면, 썰물이 필연적으로 밀물이 되듯이 좋은 날이 올 거라고 믿고 싶습니다.

부족하고 허탈한 마음이 생길 때는 천천히, 단순하게, 선하게, 가장 행복하게 사는 법을 배워봅시다. 행복을 가르쳐 주는 자연이 들려주는 진리에 귀를 기울여보라고 선배가 알려줍니다.

저에게 제일 어려운 게 용서인 것 같습니다.

진정으로 용서했다면 알면서도 모른 척하는 것이며 옳고도 져 주는 사람이 되어야 합니다. 남의 허물까지도 뒤집어서 써야 하는 이유는 예수님이 우리 죄를 뒤집어쓰고 십자가에 못 박혀 돌아가셨기 때문입니다. 어렵고 힘들지만 내가 상처에서 치유하고 행복해지기 위해서 꼭 해야 할 숙제인 것 같습니다. 남의 눈에 있는 티를 보지 말게 하시고 내 눈에 있는 들보를 볼 수 있는 눈을 주시기를 청해야 합니다. 실천하기가 쉽지 않습니다.

가끔 엄마가 "애야, 사는 게 좀 어렵다고 주저앉지 말아라"라는 말씀을 해주었습니다. 삶의 질곡을 여러 차례 넘나들며 자연스러운 경륜에서 나온 살아있는 말입니다. 그러나 나는 용서도 사랑도 다 어렵습니다.

> "여러분은 열성을 다하여 믿음에 덕을 더하고 덕에 앎을 더하며 신심에 형제애를, 형제애에 사랑을 더하십시오."(2베들 1장 5, 7)

그런데도 내가 사랑해야 하는 이유는 '지금' 여기 살아있기 때문입니다.

매일같이 일방적으로 속삭이시는 예수님의 음성이 나의 모든 그것을 다 용서했다고 하시네요. 나를 꿰뚫어 보고 계시는 주님! 내가 나를 자세히 보게 도와주시옵소서.

귀염둥이

우리 집에 손자가 두 명 있다. 첫 손자 예준이랑 동생 준우가 있다.

귀염둥이 손자는 나에게 웃음과 행복을 준다. 해맑은 미소, 온화한 성품 동생에게 양보하는 예준이의 관용이 예쁘고 귀엽다. 새로운 생명을 만나게 해주신 하느님께 진심으로 감사드린다.

나의 큰아들 예준이 아빠도 어릴 때 시아버지와 시어머니 시숙 시누이 모두가 너무 좋아했다. 시숙이 아기가 없어 기다리던 중 윤석이가 태어났다. 그러니 집안에 웃음꽃이 피고 대화가 많아졌다. 특히 시아버님이 유난히 윤석이를 좋아했다. 가끔 우리 집에 오시면 손자를 보며 활짝 웃으시던 아버님 얼굴이 주마등처럼 지나간다. 행복해 하던 모습을 생각만 해도 미소가 절로 나온다. 그리고 오실 때 꼭 손에 무엇을 들고 오셨다.

 그 당시 귀한 전복을 자주 싸 오셨고, 과자랑 학용품 등 다양하게 들고 오셨다.

 아버님은 손자 보는 게 사는 낙이라며 엄청나게 예뻐하셨다. 일상에서 별로 재미있는 일이 없었는데 손자를 만나 삶의 크고 작은 일들이 새롭다고 하셨다.

 우리 집 남편도 시아버지를 닮아 손자를 많이 좋아한다. 아이들은 서울에 살고 있다. 코로나로 자주 만나지 못해 영상통화를 한다. 손자는 하루가 다르게 성장하고 변해가고 있다. 핏줄의 연대성 그리고 끈끈한 정, 보기만 해도 귀엽고 미소가 나온다. 손자를 보며 눈 쌓인 언덕에 봄이 오고 있듯이 일상의 '근심'과 '번민'은 잠시 내려놓는다. 얼마나 신통한 특효약인가.

옛말에 결혼해서 아기를 낳아야 그 집 사람이 된다고 했다. 맞는 말인 줄도 모른다.

태어난 아기가 그 집 사람을 닮기 때문인 것 같다. 그래서 더 귀하게 여기고 좋아하는지도 모른다. 내가 아이를 키울 때는 젊고 바빠 생명의 소중함이 절실히 와 닿지 않았다. 지금 할머니가 되니 마음에 여유도 있고, 시야가 넓어져 마냥 재롱이 깜찍하고 좋기만 하다. 손자는 어째서 하는 행동이 귀엽고 사랑스럽게만 보일까. 참 신기한 현상이다.

인간은 본능적으로 자식에게 무엇이든지 주고 싶은 마음이 생긴다. 그래서 좋은 부모가 되고자 노력하고 자기가 가지고 있는 귀중한 모든 것을 조건 없이 자식에게 물려주고 싶어 한다.

나는 요즘 일상에서 가장 중요한 일은 손자를 위해 기도하는 일이다. 특별히 물려줄 것이 없으니 내가 해줄 수 있는 게 기도다. 주님처럼 얼굴은 태양처럼 빛나고 옷은 세상의 어떤 마전장이라도 그보다 더 희게 할 수 없을 만큼 새하얗고 눈부시게 변화되기를 염원한다. 아무 탈 없이 잘 자라 하느님의 사랑받는 사람으로 성장하기를 바란다.

"인생의 진정한 의미는, 자신이 그 그늘에 앉지도 못할 나무를 심는 그것에 있다."(넬슨 헨더슨)라고 한다.

맞는 말이다. 자기는 나무를 심기만 하지 열매는 후손인 너희들이 수확할 것임을 믿는다. 이런 보이지 않는 작은 사랑이 인류를 지탱하고 있는지도 모른다.

나의 큰아들은 사랑을 듬뿍 받고 자라, 사람을 사랑할 줄 알며 어른을 잘 모실 줄도 안다. 사랑을 듬뿍 받고 자란 사람이 사랑을 줄 수 있다는 말은 틀린 말이 아니다.

손자에게 나름 좋은 아빠가 되고자 노력하는 모습이 고맙고 대견하다.

권력과 돈과 명예와 지식은 유통기간이 너무 짧다. 나의 아들도 내일 일을 너무 걱정하지 말고 주어진 현실을 있는 그대로 받아들이며, 고통의 강이 눈앞에 있어도 불평불만 하기 전에 감사한 것부터 헤아려보면 답을 찾을 수 있다. 남을 원망하면 해결책이 보이지 않는다. 상황 파악이 되면 문제를 찾아 날마다 새롭게 출발할 수 있는 지혜가 생긴다.

손자를 보며 절실히 와 닿은 게 있다.

사랑 자체이신 주님이 있는 그대로의 나를 귀한 존재로 여긴다는 생각에 힘이 생겼다. 든든한 아버지로 다가왔고, 내 가슴에 뭉클한 감동과 평화도 주었다.

"너희 아버지께서는 너희가 청하기도 전에 무엇이 필요한지 알고 계신다."(마태 6.8) 하느님은 나에게 진정한 로또다. 그리고 나의 희망이며 해결사다. 내가 구하기 전에 이미 필요한 것을 알고 계시고 이를 구해주시는 아버지이시다. 나는 믿기만 하면 되는 것이다. 얼마나 굉장한 사건인가. 조건부 흥정이 아니고 믿기만 하면 다 이루어주신다.

손자도 나에게 절대적 귀염둥이고 나도 하느님께 사랑받는 귀염둥이이다. 정말 감사하다는 말이 절로 나온다. 나를 응원해주는 당신이 있어, 내 인생이 행복하다.

당신에게만 기대고 머물고 싶다고 고백해본다.

너는 나를 따라라,
죽은 이들의 장사는
죽은 이들이 지내도록 내버려 두어라.

(마태8.22)

소리를 넘어

이웃에 청각이 완전히 닫혀 보는 것이 전부인 농아인과 인사를 나누며 지낸다. 이분은 달맞이 성당 신자이다.

그분이 소라와 있었던 사건에 관한 책을 내었다. 책을 읽고 느낀 점을 소개한다.

청각 도우미견 이름이 소라다. 소라가 그분의 귀가 된 이후 얼굴에 웃음이 환한 모습으로 변화가 일어났다. 그분은 미술을 전공한 특수학교 선생님이고 화랑을 가지고 있다. 소라를 만나기 전까지는 소리가 없는 단절된 세상에서 몹시 우울하고 얼굴에 어둠이 있었다. 소라가 그 집에 온 이후 표정이 달라졌다. 그분의 유일한 친구 소라는 예쁜 강아지이다.

직장인 학교도 데리고 가고 온종일 함께하는 친구이자 동반자이다.

소라는 주인에게 두 번이나 버림받은 유기견인데 S그룹에서 훈련 시켜 농아인들에게 청각 도우미견으로 분양되어 이 집 농아인과 공감하고 소통하여 동반자가 되었다.

그분이 소라를 위해 책을 만들었다. 그 책 속에 소라가 영혼의 울림이 있다며 자랑한다.

침묵에 익숙한 분이지만 소라와 있는 시간은 외롭지 않고 창작도 잘 되고 행복하다며 웃음이 많아지고 활발해 보인다.

훈련이 잘되어 있는 소라는 시의회 조례 심의 회의에 참고견 자격으로 참석하였다. 시립박물관 미술관에 동물 동반 입장 금지로 되어 있는 조례안 수정에 관한 건이었다.

일반 사람들은 도우미견이 카메라 플래시가 연신 터지면 짖거나 흥분하지 않고 본연의 임무를 잘 수행할 수 있는지 궁금해 했다.

참석한 시각 장애 도우미견들과 소라는 긴 회의 시간 동안 아무리 목이 말라도 소변이 마려워도 카메라 플래시가 불꽃처럼 터져도 오로지 주인 곁에 다소곳이 앉아 있었다고 자랑이 대단했다.

그 노력으로 정부가 발급하는 장애인 보조견 증명서를 소지하고 소라와 시립 미술관에 갈 수 있어 소라는 그림에 대한 안목이 더 높아진다며 좋아하셨다. 또 소라가 달리기를 좋아한다며 역동적인 그림을 그리면서 마음에 응어리들이 속도감을 통해 해소하듯 소라와 깊은 사랑에 빠져 있었다.

인간은 장애인이든, 아니든 누구나 완전한 소통을 원하고 갈망하면서 살기를 희망한다. 생명을 가진 모든 것은 서로 인정받고 사랑받고 표현하기를 좋아하는 공통점을 가지고 있다. 그런 과정이 우리를 행복하게 해주며 삶의 원동력이 되기도 한다.

평생 청각장애인으로 살면서 장애로 인해 불편함이 있지만 남을 비방하고 수다 떨지 않는다. 주어진 운명에 열심히 묵묵히 그림 그리며 살아내고 있는 모습에서 인내의 위대함을 본다. 인간은 누구에게나 시련과 고통과 슬픔을 안고 최선을 다하며 살아가는 것이다.

우리도 보이는 것만 보지 말고 마음속 모난 돌 치우며 내 발목 잡는 이기심과 욕심을 벗어나, 주님 안에서 자아실현이 되도록 노력해야겠다. 내면 깊은 곳에서 들려오는 주님의 목소리를 어떤 식으로라도 들으면 삶이 풍요로울 것이다.

그래서 사랑의 의무를 다하면 서운함보다 즐거움이 많을 것이다.

그러면 꽁꽁 얼어붙었던 가슴에 봄 햇살의 소리가 들려오겠지.

역경에서도 꽃은 핀다

"주님 안에서 늘 기뻐하십시오. 거듭 말합니다. 기뻐하십시오. 아무 것도 걱정하지 마십시오. 어떠한 경우에든 감사하는 마음으로 기도하고 간구하며 여러분의 소원을 하느님께 아뢰십시오."(필립 4.4.6)

바오로 사도는 시간을 헛되이 보내지 말고 우리의 삶 전체를 주님께 맡기고 기뻐하고 감사하면서 살기를 가르치고 있다.

일상에서 나는 하느님께서 원하시고 마음에 드는 삶을 살려고 얼마나 노력하고 있는지?

모든 것을 하느님 안에서 해결하기를 원하고 간절함을 담아 여쭙고 있는지 곰곰이 생각해 보았다.

하느님께서 하시는 일은 우리 생각과는 다르게 시간이 필요함을 느꼈다.

어떤 청원은 늦어지는 듯한 주님이시지만 반드시 도움의 손길을 내밀어 주시는 분이심을 믿는다. 가끔 너무 서둘러서 믿음도 흔들리고 혼돈에 빠질 때가 있다. 조금만 더 기다리면 주님이 돕기 위하여 찾아오시는데 낙담할 때도 있다. 임마누엘 하느님이 우리와 함께 계신다는 확신이 없기 때문이다.

본당 성전 건립도, 문제는 시간이 소요될 것이라는 사실이다.

남을 탓하기 전 나의 모자람을 들여다보아야 한다.

하느님이 아브라함에게 하신 당신의 약속을 성취하기 위하여 긴 세월이 필요했듯이 성전이 우리 계획대로 되진' 않지만, 이스라엘인들이 "고역에 짓눌려 탄식하며 부르짖으니 하느님께서 그들의 신음을 들으시고 기억하셨다"라고 탈출기에서 전하고 있다.

우리도 하느님께 완전히 의탁하며 예수님 안에서, 저의 힘으로는 부족하니 도와달라고 한마음으로 기도드리면 응답을 주시리라 믿는다.

하느님께 선택받아 기름 부음으로 사제가 된 우리 신부님도 순전히 하느님께 대한 봉사와 사명으로 성전 건립을 시작했지만, 돌발 상황으로 진행이 늦어져 힘든 시간을 보내고 있으리라 본다. 또 본당 회장님, 건축 추진위원장님 모두가 난감하고 고통스럽고 괴로움이 많을 것이다. 무거운 책임감으로 병이 났는지도 모른다.

그러나 시련 뒤에 반듯이 평화와 기쁨이 기다리고 있다.

오늘은 폭풍우지만, 내일은 햇살이 뜬다는 믿음으로 참고 견디면 보다 깊은 평화가 솟아나 힘을 얻을 것이다.

어쨌든 시간이 걸려도 성전은 완공될 것이다.

나 자신에게 성전 건립을 위해 너는 무엇을 하였는지 되물어본다. 간절함과 절박함이 부족했다. 우유부단하고 어정쩡한 방관자였다. 기도하지 않은 게으름을 솔직히 고백한다. 부끄럽고 미안하며 송구스럽다.

참으로 눈이 먼 나는, 하느님의 성전이 완공되도록 간절히 기다리고 있다. 주님의 자비로 천천히 더디게 아름다운 멋진 모습으로 위풍당당하게 완공되리라 믿으며.

여러분은 아무도
하느님의 은총을 놓쳐버리는 일이 없도록
조심하십시오.
(히브 12.15)

사랑의 색깔

인생은 속도가 아니라 방향이다. 목적지를 정확하게 알아야 갈 수 있다.

내비게이션에 목적지를 찍고 출발해야 우왕좌왕하지 않고 목적지에 도착하여 안도감을 가질 수 있다. 나는 지금 목적지를 향해 잘 가고 있는지 물어본다.

어릴 때 막연하게 간호사가 될까. 수도자가 될까. 생각이 많았다. 이젠 좀 더 의미 있게 살다 하느님 부르심에 '네'라고 씩씩하게 대답하며 기쁘게 길을 떠날 수 있으면 좋겠다. 시간도 신이 허락하지 않으면 먼지가 되어버린다. 주어진 시간을 소중하게 보내자. 나의 지나온 세월은 만만하지도 않았지만 내 뜻대로 되지도 않았다.

젊은 날에는 포개어 자고, 안고 자고 했지만, 지금은 방마다 다니며 자고 있다.

나이를 먹었고 지나친 욕망은 나를 피폐하게 했고, 세상일에 많이 메여있었다. 살아보니 이 세상은 비교하는 곳이 아니라 공통점을 찾아 함께해야 서로가 행복한 것이다. 이것을 인지하는데 너무 오랜 시간과 에너지가 소요되었다.

무엇이든 처음의 추억은 처녀성을 갖고 있다. 첫사랑, 첫아기, 첫 경험, 첫 도전 등 내가 가장 힘들고 고통스러웠던 순간도 다 소중한 기억이다. 젊은 날에 지칠 대로 지친 육체와 황폐한 정신도 다 나의 것이었다. 돌이켜보면 눈에 뿌옇게 고여버린 눈물도 시간이 지나니 위안이 되는 추억이다.

어느덧 밭고랑처럼 주름진 눈가와 손을 보니 비틀거리며 지나온 행적도 떠오른다. 이 모든 것은 지나가는 것이다. "사랑은 자기 자신을 사랑하는 사람 속으로 던져버리는 것"이라고 프란치스코 성인이 말했다. 나도 그런 사랑을 해보고 싶다.

앞으로는 무엇을 선택해야 하고 무엇을 버려야 하는지 분별력을 갖고, 무엇이 옳고 그른지 어떻게 살아야 하는지 나름 정리하여 인생 선배로 나의 아들에게 엄마의 권위로 말해 본다.

자기 자신을 사랑하는 사람이 되면 좋겠고, 또 어떠한 일이 닥치더라도 기꺼이 받아들이고, 만약 처지가 불쌍하게 되더라도 참고 견디라고 말한다. 인생은 시련의 연속이다. 한 송이 꽃을 피우기 위해 흙 속에서 얼마나 오랫동안 기다려야 하며 수분과 공기와 햇볕이 있어야 피는 것이다. 비록 삶이 힘들더라도 항상 탈출구가 있으며 믿음과 사랑으로 그걸 극복할 수 있다. 그리고 잘못은 솔직하게 인정하고 용서를 청해야 몸과 마음도 가볍고 발전할 수 있다. 예를 들면 구름 위에 태양이 있다. 빛살을 막고 있는 것이 구름이다. 열려있는 곳에 빛살이 내린다. 빛살을 통해야 깨끗해진다. 그러다 보면 얼굴 가득히 행복한 미소가 번진다. 될 일은 그냥 된다.

어떤 일이든지 너무 욕심내어 불평하고 불신하고 불안하면 되는 일도 안 되니 겸손하게 묵묵히 주어진 일에 열정을 갖고 최선을 다하기를 바란다. 또 일상을 당당하고 재미있게 살고 가볍게 살기를 바란다. 그리고 성공하기보다 성장하기를 권하고 싶다. 사람의 중심은 마음이다. 아닌 것은 아니라고 분명히 말해야 한다. 상처를 주는 말, 단죄하는 말, 짓밟는 말은 해서는 안 된다. 그리고 다른 사람의 결점만 보는 사람은 발전할 수가 없다.

　아들아, 자기 본분을 이탈하면 불행하다. 또 너희의 생각을 무엇으로 채울 것인가를 고민하며 살아라. 인생은 늦을 때란 없다. 포기하지 말고 싸워라. 기름지고 비옥한 땅이 되기 위해서는 강이 홍수로 땅이 뒤집혀야 한다. 태풍이 바닷물을 엎어버리지 않으면 플랑크톤은 사라지고 물고기들의 먹이사슬은 끊어진다. 바다가 생명을 얻기 위해서는 태풍이 몰아쳐야 한다. 마찬가지로 인간이 인간다워지기 위해서는 주어진 홍수와 태풍을 견디어내지 않으면 안 된다. 그렇게 하다 보면 네가 꿈꾸는 색깔로 천천히 칠해진다.

　아들아, 다른 집은 없는데 우리 집만 있는 가족 지도와 내면 지도를 너희에게 물려주려고 한다. 또 우리 집안의 특별한 유전인자인 자존감과 재치와 재간에 감사한다, "큰 것은 조그만 포장에서 나온다." 그러니 사소한 작은 것이라도 신이 각자에게 정해준 대로 감사하는 마음으로 살아가기를 바란다. 너희들의 존재 자체가 엄마에게 귀하고 고맙다. 그러니 아무리 힘들어도 엄마와 아빠를 지켜준 신이 너희를 끝까지 지켜줄 것이다.

  일상에서 소소한 즐거움을 끊임없이 느끼는 사람은 인생의 멋을 알고 사랑할 줄 아는 사람이다. 나도 지금부터 전화 한 통, 문자 한 통, 따스한 미소나 눈인사로 힘들어하는 이웃과 가족을 다독여주는 역할로 물들고 싶다, 마음 충전이 필요한 이에게 평화도 빌어주고 싶다. 사람은 사랑받고 사랑할 때 제일 행복함을 느낀다. 그런데 타인으로부터 인정받고 사랑받기만 원하면 불행해진다. 애착이 상처를 만든다. 내려놓으면 편안하다. 타인에게 들어내고, 성과를 내는데, 자기를 증명하는데 에너지를 쏟아 붓는 허영심은 불안을 키워 삶을 메마르게 한다. 그러니 지금 여기 존재하는 그 자체가 큰 선물이고 은총이다. 진심으로 나를 긍정하자.

하느님 섬김의 삶을 살 때 가장 예쁜 색깔을 낼 수 있다. 나에게 주어진 고유한 삶의 여정을 받아들이자. 나를 만드신 신의 창조에 감사하자. 무상으로 공짜로 받은 모든 것에 감사와 사랑의 색깔을 입히자.

행복하게 삶을 마칠 때까지 나의 힘이 닿는 대로 세상을 사랑하고 배려해보자.

4부 나의 삶, 나의 인생

고통과 양심

인생은 각자 극적인 주인공이다.

나는 96세의 시어머니랑 20년째 함께 살고 있다.

시어머니는 아주 열심히 한 불교 신자였다. 초하루와 보름날 절에 가실 때는 목욕재계하고 음식도 가려먹고 가셨다. 그런 불교 집안에 시집와서 시어머니, 시아버지, 시숙, 동서, 남편, 조카, 우리 아이들 모두 영세를 시켜 가톨릭 집안이 되었다.

이렇게 되기까지 우여곡절을 겪으며 나의 약점과 능력으로는 불가능했지만, 예수님께 모든 것을 맡긴 덕분에 주님께서 어려움이 닥치면 조력자도 보내주시고 무한한 은총과 축복으로 시댁 식구 모두 주님의 자녀가 되도록 허락 하셨다.

그래서 신앙 생활하는 데는 제약 없이 편하게 할 수 있었다.

작년부터 시어머니는 치매가 시작되었다. 집안에 환자가 있다는 것은 모두가 힘들고 생활의 리듬이 깨어짐을 알렸다. 그런데 시어머니는 시이모님 두 분이 요양병원에서 돌아가시는 것을 보신 후 병원에 대한 트라우마 때문에 병원에 입원은 안 한다고 하신다. 난감하고 힘든 시간이 계속되고 있다.

지금 심한 치매는 아니지만, 목욕도 싫다 하고 옷도 갈아입지 않으려고 하니 전쟁이 따로 없고 날마다 음성이 날카롭고 웃음과 평화가 없는 냉랭한 분위기가 진행형이다.

우리는 모두 하느님의 보상으로 창조되었다.

하느님께서 보시는 시야 그대로 나도 시어머니를 보면 될 터인데 남들에게 보여주는 이미지 만들기를 하며, 가면을 쓰고 연기를 하면서 살고 있다.

하느님께서 지금의 나를 어떻게 보고 계실까?

측은지심으로 보고 계실까?

주님께서 나에게 주신 특별한 소임을 기쁘게 받아들이면서 살면 되는데, 삶의 무게에 등이 휠 것 같은 끝없는 고통과 고뇌에 주저앉고 싶은 심정이다.

겉으로는 가족들에게 신자로 보일지라도 속은 텅 비어있는 껍데기인 나를 보며 힘이 쫙 풀리면서 하느님을 향해 하소연했다.

주님! 이제는 제가 바라는 것은 이루어지고, 제가 싫은 것은 일어나지 않도록 해달라고 기도하지 않겠습니다. 주님 무슨 일이든지 괜찮게만 해주시라고 엎드려 간청합니다. 그래, 누구에게나 고통은 와 있다. 너는 고통을 받아들이느냐는 느낌이 들었다.

모든 일을 내 힘으로 해결하려고 하니 불평불만이 발목을 잡고, 선과 악을 오가며 괴로워했다.

솔직하고 단순하게 있는 그대로, 남의 이목에 시간 낭비하지 말고 주님과 모든 사람에게 나의 못남과 부족함을 인정하고 오픈하기로 했다. 그리고 시어머니에 대한 기대와 집착을 내려놓으니 조금 자유로움이 생겼다.

왜 지혜롭지 못한 행동으로 낯 깎이는 모습을 보여줬는지 한심하기도 했다.

예수님을 믿는다고 하면서, 날마다 십자가를 바라보면서, 단 한 번이라도 남을 위해 죽을 각오는 없었다.

행동이 없는 믿음이 나의 실체였다. 그래도 혼자서 "깨달음은 은총"이라고 되뇌며 스스로 위로했다.

너무 힘들고 고통과 시련이 올 때마다 시편139편을 암송하면 "그래 여기까지 잘 왔다"라는 말에 용기를 얻는다.

주님, 당신께서는 저를 살펴보시어 아십니다.

제가 앉거나 서거나 당신께서는 아시고 제 생각을 멀리서도 알아채십니다.

제가 길을 가도 누워 있어도 당신께서는 헤아리시고 당신께서는 저의 모든 길이 익숙합니다.

정녕 말이 제 혀에 오르기도 전에 주님, 이미 당신께서는 모두 아십니다.

뒤에서도 앞에서도 저를 에워싸시고 제 위에 당신 손을 얹으십니다.

저에게는 너무나 신비한 당신의 예지 너무 높아 저로서는 어찌할 수 없습니다.

당신 얼을 피해 어디로 가겠습니까? 당신 얼굴 피해 어디로 달아나겠습니까?

제가 하늘로 올라가도 거기에 당신 계시고 저승에 잠자리를 펴도 거기에 또한 계십니다.

제가 새벽놀의 날개를 달아 바다 맨 끝에 자리 잡는다고 해도 거기에서도 당신 손이 저를 이끄시고 당신 오른손이 저를 붙잡으십니다.

또 감사에 대해 깨우침도 주신다.

내가 청한 그것보다 감사할 수 있는 일이 얼마나 많은지, 힘들 때 하소연 할 수 있는 언니, 동생, 아들, 친구 능, 서로 소통하고 수다를 떨고 또 격려와 사랑으로 감싸주는 응원군도 보내주신다.

인생은 종류는 다르지만, 고통은 필수이다.

고통이 없는 성장, 고통이 없는 행복은 이 세상에서는 없는 것이다.

삶은 미래가 아니라 지금, 이 순간임을 깨닫고 이제부터 과정을 즐기면서 참고 기다리자. 내가 좋아하는 다산 정약용 선생님이 유배지에서 보낸 편지 말씀을 되새긴다.

"살 줄 아는 사람은 어떤 상황에서도 자신의 인생을 꽃피울 수 있다. 그러나 살 줄을 모르면 아무리 좋은 여건 아래서도 죽을 쑤고 마는 것이 인생의 과정이다."

18년 귀양살이에서도 꿋꿋하게 살았던 다산은 오늘까지 숨을 쉬면서 후손들 앞에 당당하게 서 있다. 나도 나의 아이들에게 좀 괜찮은 엄마가 되도록 오늘도 견디어보자.

자연은 충전소

계절이 또 바뀌고 있다.

우리의 눈과 마음을 싱그럽게 하던 연두색 나뭇잎이 짙푸른 녹음방초로 깊어져 여름을 알린다. 가을에는 형형색색의 단풍과 열매들이 우리의 삶을 풍성하게 하고 겨울에는 온 산천이 자기 침잠의 세계로 수렴한다. 만물에 재충전의 시간을 가져다주기 때문이다.

계절마다 자연은 새로운 감동으로 다가온다.

며칠 전 장산에 올라갔다.

가을의 숲속 길은 걷고 또 걸어도 절대로 지치지 않는 힐링의 장소이다.

산길을 오르며 숲의 풍광과 아름다운 오색의 나뭇잎을 음미하면 마음이 편안하고 기분이 좋아진다.

산과 숲에서의 즐거움은 힘든 세상 속 경쟁의 절벽 가운데서 지친 나에게 공존의 휴식을 제공한다. 산의 매력은 무상이며 늘 열려있다.

자연은 온갖 날짐승과 풀과 나무, 꽃 등 자연생태 요소 하나하나와 주위 환경과 관계를 맺으며 어우러져 살고 있다.

삶도 서로서로 상호의 관계를 맺고 형성된다.

어떤 사물도 홀로 독립적으로 존재할 수 없으며 관계 속에서 끊임없이 서로 영향을 주고받으며 존재한다.

사회적 관계 속에서 이루어지는 삶의 과정에서 수많은 우여곡절을 겪고, 내가 계획한 대로 삶이 실현되기도 하지만, 때론 실패로 끝나기도 한다.

최선을 다해 노력해도 만족하지 못한 결과가 생기고 믿고 있었던 사람으로부터 배신을 당하기도 하며, 사랑하던 사람에게 버림을 받기도 한다.

이렇게 어렵고 힘든 순간에 자연은 아픈 영혼의 위로와 활력을 다시 찾을 수 있는 최고의 공간이다. 누구에게나 귀찮아 하는 법도 없고 부담도 주지 않는다.

한결같이 그 자리에서 기다려주어 고마움을 느끼지 않을 수 없으며, 언제나 촉촉한 감성으로 위로를 해준다. 산과 숲은 넉넉함으로 경박함과 조급함을 내려놓게 해주며 나의 못난 것을 감추어주고 더러움을 씻어주고 시름을 떨쳐내어 준다. 그래서 틈만 나면 산으로 가면 자신을 구차하게 여기지 않게 모든 잘못을 다 용서하였다고 말하는 자연의 소리를 귀를 기울인다.

자연도 나름 자기 위치에서 최선을 다하며 생존하고 있다.

모두가 스스로 모습 그대로 받아들이면 되는데 무엇 하나 쉬운 게 없구나.

지금 되돌아보니 고통도 즐거움도 다 지나가는 것을 괴로운 마음도 내가 선택한 것이었다.

삶은 계속 진행되며 흘러가기 마련이다.

힘든 일이 일어나도 너무 잘하려고 애쓰지 말고 이런 우환이 왜 나에게만 일어나는지 남을 원망하지 말고 따뜻한 봄날

꽃이 피고 지듯이 세상 파도에 시달리면서 그래도 꿋꿋하게 가보기로 한다.

또 살다가 지치고 힘들면 산으로 바다로 자연을 만나러 길 위에 서 있자.

두 손을 모아 감사하는 마음으로 자연과 만나자.

그러면 나를 웃게 하며. 눈 뜨게 하고 용기를 주겠지.

시련의 봄

　코로나19로 인해 석 달여 간 세계 각국은 봉쇄 조치와 나라 안 모든 단체 모임은 엄격히 통제되며 사회적 거리두기로 대인 접촉금지 혼자 머물기를 권장하는 한 번도 경험하지 못한 새로운 세상이 되었다.
　눈에 보이지도 않는 바이러스가 인류를 지배하여 그야말로 21세기 지구촌의 민낯을 고스란히 드러내며, 한순간에 무너뜨린 상상 밖 변수가 일어났다.
　인류가 과도한 욕망으로 자연과 생태계를 훼손한 대가로

자연스러운 일상을 위협받아 모두가 혼란에 빠져 있다.

전 세계 확진자 수는 약 3,950,000명 사망자 275,000명이나 된다고 한다.

코로나19 사태는 비상사태를 넘어 전시 상황과 다를 바 없다.

우리나라도 확진자가 1만 명을 넘었다.

마치 원자폭탄 섬광 이후의 세상처럼 세계 대축제에 관련한 모든 것들이 약속이나 한 듯 중단되고 추락하고 사라지고 있다.

코로나19가 불러온 불가역적 변화로 지금 우리 손자도 학교에 가지 못해 온라인 수업을 하고 있다. 며칠 전 영상 통화를 했는데 할머니 지금 공부하고 있다고 나중에 전화하자고 해서 황당하기도 하고 신기하기도 했다.

교육의 패러다임이 상상도 하지 못하는 지각변동을 일으키는 과정을 생생하게 목격한다. 대면과 접촉은 위험이 되었고 오프라인으로 개학을 하기로 결정이 되었다. 난생처음 마주하는 도전들로 가득한 일상이 되고 있다.

중동은 저유가 타격이 심각하며 유럽과 미국은 확진자가

늘어나 경제가 나빠지고 민심이 차갑게 얼어붙어 전 세계가 시련과 고통의 시간이 계속된다.

'어떻게…….' '어떻게…….' 해야 할까요?

이 세상은 코로나19와의 전쟁이 상당 기간 계속될 것이라는 불길한 예감이 든다. 인류는 자연에 용서를 청해야 하며 원 상태로 돌아갈 수 있도록 모든 욕망을 멈추어야 한다.

신의 경고를 무시하고 하늘 끝까지 인간의 욕慾을 쌓으려다 맞이한 천벌의 상징이 바로 바벨탑이다. 바벨탑은 인간이 자신의 영광을 위해 하늘에 닿는 탑을 쌓으려 하자 신이 인간들의 언어를 전부 다르게 만들어 서로 뿔뿔이 흩어지게 만들어 바벨탑이 무너진 이야기이다.

인간의 교만으로 신의 영역까지 도전하게 되지만 신의 뜻에 벗어나면 사상누각에 불과하다.

지금 우리도 잘못된 길을 가고 있다는 절규와 경고로 들린다.

바벨탑의 교훈이 우리의 갈증을 풀어줄 혜안이 될지 모르겠다.

인류는 백신이 개발될 때까지 코로나19를 관리할 역량이 부족함을 스스로 알고 있다. 그래도 우리에게 희망을 보여준

의료진들과 봉사자들의 아낌없는 사랑의 실천으로 많은 분이 치유되고 일상으로 돌아갈 수 있도록 도움을 주어 희망을 주고 있다.

   이번 사태로 스스로 많은 반성을 하고 있다.
   서로를 비난하고 책임 전가하며 원망하고 불신만 할 게 아니다. 자연에 생태계에 지구 환경 지키기를 잘 실천하여 바이러스 공포에서 벗어나게 해달라고 생태계에 용서를 구한다.
   인간의 무지가 만든 결과물이다.

   바램이 있다면 한창 뛰어놀아야 할 손자가 오프라인 수업이 아니고 학교에서 선생님과 친구들을 만나 공부하면 좋겠다. 정서발달과 심리적 안정과 교감을 통해 서로 사랑과 우정을 나누고, 관계를 통한 서정적인 기쁨을 누리는 날이 빨리 오기를 기대해본다.

   주님! 무방비상태와 어둠의 회오리 속에 인류를 버려두지 마시고 다시 일어나게 도와주소서.

자가격리

코로나19가 발을 묶었다.

눈에 보이지 않는 바이러스로 인해 만물의 영장이라고 자부하는 70억 인류가 벌벌 떨면서 바깥출입도 제대로 못 하고 있으니 재앙이라는 말이 절로 나온다. 생태계의 혼란으로 인간의 교만함이 자초한 참사이다

나도 예외 없이 코로나 확진자와 2m 이내에 한 공간에 있었다고 보건소에서 문자가 왔다. 빨리 검사하러 오라는 연락

이다. 갑자기 머리가 띵하고 가슴이 두근거리며 무거운 발걸음으로 보건소로 향했다.

　결과는 이후 나온다고 문자로 알려준다며 지금부터 자가격리대상자가 되어 지정된 장소 독립공간에서 혼자 생활하기(자주 환기, 혼자 식사, 의류나 침구류 단독 세탁, 식기류 분리 사용, 마스크 착용) 앱 설치 등 외출 금지, 가족, 동거인과 접촉하지 않기 지켜야 할 생활수칙이 많았다.

　8일 동안 어둠의 골짜기에서 두려움과 불안함을 안고 생활을 하였다.

　자가격리 마지막 날 다시 재검하여 음성이 나와야 해제가 되는 것이다.

　다행히 아무 탈 없이 일상으로 돌아갈 수 있어 고마움과 감사함이 절로 나왔다. 이번 계기로 지극히 평범하고도 당연했던 일상이 얼마나 소중한지를 깨달았다. 올해는 날마다 마스크를 쓰고 거리두기로 인해 이웃과 함께하지 못하는 고통도 겪고 있다. 앞으로 코로나로 더 힘든 일이 오더라도 희망을 버리지 말고 지금 여기 살아있기에 여러 가지 쓰라린 경험도 한다고 웃어보기로 했다. 이 모든 것도 다 지나갈 거니 조금만 더 참으며, 좋은 날이 온다고 믿고 있다.

 이번 일로 직접적으로 보건소에 근무하는 간호사 선생님의 노고가 엄청나게 크게 다가왔다.

 직업적인 면도 있지만, 감염 보호장비 복을 착용하고 종일 검사를 한다는 것은 쉬운 일이 아니었다.

 사회는 혼자만으로 이루어지는 게 아니라 공동체의 운명을 함께한다는 사실이 피부에 와 닿았다. 무엇인가 나도 사회의 일원으로 보탬이 되어야겠다는 마음이 생겼다. 경험해보니 우리나라 의료 시스템은 굉장히 잘 되어 있어 다행이고 축복임을 알았다. 인류는 고통 없는 행복을 소망하지만, 지구의 모든 물질과 공기가 허락해야만 가능한 것이라는 것을 너무 늦게 깨달은 것 같다. 막상 바이러스라는 어려운 늪지대를 만났다. 인류가 우왕좌왕하며 가시밭에서 되돌아보니 평범한 일상생활이 얼마나 큰 행복이었는지 새삼 느꼈다.

 코로나바이러스는 가족과 직장 이웃에게 피해를 주기 때문에 정말 조심해야만 한다. 돌이켜보니 나로 인하여 남편과 지인들에게 피해를 준다고 생각하니 지금 생각해도 아찔하다.

 암 환자는 자기 혼자만 고통을 받지만, 바이러스는 전체에게 피해를 주는 아주 고약한 물질이다.

  그러므로 인류 전체가 감염병 예방 행동 수칙을 꼭 지켜 하루빨리 불안한 상황이 종료되기를 간절히 바란다.

  백신이 나오도록 전 세계가 연구에 집중하고 있다.
  하루속히 바이러스로부터 해방되기를 간절히 바라며 자연의 순리에 역행하지 않는 인류가 되기를 염원하며 친환경을 위해 행동하고 실천해야겠다.

타인의 시선

타인의 시선과 평가는 내 인생이 아니다.

남이 나를 어떻게 생각하든 그것은 중요하지 않다. 다른 사람을 의식하면 그때부터 속박 당한다. 조금 못나도 조금 부족해도 완전히 자기 스스로 모양을 만들고, 있는 것에 몰두하는 사람이 올바르게 앞으로 갈 수가 있다. 나는 타인과의 비교를 통해 나를 아프게 하고, 어리석게 숨을 쉴 수 없도록 스스로 좌절의 늪으로 몰아갔다.

이유는 유년 시절 아버지가 일찍 돌아가셨기 때문이다. 엄마를 생각하여 장녀로 남에게 싫은 소리 듣지 않기 위해 타인의 시선에 신경이 집중되었다. 남에게 착하게 보이는 가면을 쓰고 걸맞지 않은 처세로 행동했다. 그게 몸에 익숙해져 이중적인 내면의 수치와 불편한 동거를 하였다.

결혼했지만 어린 시절의 행동은 쉽게 바뀌지 않았다.

시댁 식구들에게 착한 사람처럼 증명해 보이려고 노력했지만 그게 생각보다 쉽지 않았다. 이를 악물고 주먹을 불끈 쥐어도 달성할 수 있는 문제가 아니었다. 동기가 불손했고 마음이 엇갈리게 요동쳤다. 뜻대로 되지 않자 점점 가족과 관계가 상처로 남게 되었다.

무엇을 해보려고 하면 의지를 꺾는 장애물이 생겼다. 그래도 자꾸 새로운 일을 벌이고 있었다. 그렇게라도 해야 존재 이유가 된다고 착각했다.

그나마 결혼생활은 소소한 행복이 있었다. 하느님이 선물로 준 아들 둘 때문이다. 큰아들도 자기 주관이 뚜렷하고 작은아들도 타인을 별로 의식하지 않는다.

계절과 관계없이 자기 입고 싶은 옷 입고 자기 하고 싶은 것 하면서 살고 있다.

나름대로 당당하게 자기 인생의 각본을 스스로 만들어 더 높은 이상과 더 넓은 세계를 꿈꾸며, 미래가 불안해도 주어진 운명을 열정으로 신나게 헤쳐 나가고 있다.

우리 아들의 장점은 나를 닮지 않고 타인과 비교하지 않는 점이다.

자기에게 주어진 재능을 발휘하기 위하여 객관화해서 보는 눈을 가지고 있다.

바위처럼 듬직하여 비, 바람이 몰아쳐도 흔들림 없이 자기 성장을 위해 노력하고 도전한다. 이상을 향해 에너지를 발사한다.

큰아들은 서울에서 작은아들은 미국에서 어려운 환경 속에서도 긍정적인 생각으로 발전하려고 노력하는 모습이 대견하다. 타고난 재능을 살리며 기질과 달란트에 맞춰 사유롭게 현명하게 헤쳐 나가고 있다. 자유분방하게 자란 덕에 시야도 넓고 지혜도 생겨 자기 앞가림하면서 잘살고 있다. 삶의 폭이 훨씬 커지고 있다. 아들이 가끔 지나친 당당함과 오만함을 보일 때도 있다. 그래도 세상에 보탬이 되는 삶을 살기 위해 타박타박 열심히 걸어가고 있는 모습은 우리 부부에게 뿌듯함을 주곤 한다.

　아들을 잘 자라게 도움을 준 사람은 남편이다. 언제나 친구처럼 다정다감한 아버지며 누구보다 아들을 지지하고 끝까지 의견을 존중해주었다. 나보다 훨씬 아들 말을 듣는 자세가 되어 있다. 아들이 사춘기 때 마음에 들지 않는 행동을 해도 끝까지 화를 내지 않고 의견을 들어주는 '느림'의 지혜로 극복했다. 서두름, 조급함보다 올바른 절제가 힘이 되어 위기를 잘 넘겼다. 반대로 나는 참지 못해 소리 지르고 했지만 오랜 시간 동안 아이들을 믿어준 남편 덕분에 아이들이 반듯하게 잘 자라 주었는지 모른다. 남편의 빛났던 인내심과 사랑이 이루어낸 결과물이다. 우리에게 아들은 정말 고맙고 자랑스럽다.

　아들이 첫 손자를 낳아 아버지가 되어 여름휴가로 부산 서 2박 3일 지내다 갔다. 너무 반갑고 정겹고 따뜻한 시간이었다. '산다는 것은 나누는 것이다.' 아들이 손자에게 자상하게 하는 모습과 가족이 한데 모여 맛있는 음식 만들어 먹고 마시고 즐겁게 지내는 평범함이 얼마나 감사한 일인지 새삼 고마웠다.

주님께서 지금, 이 순간, 바로 이곳에 함께 계셔서 너무 감사합니다. 고 소리를 질렀다. 가족이라는 끈은 서로를 배려하고 만약 너무나 작아 보였던 가능성을 현실로 만들어 다시 치고 올라올 수 있도록 믿어주는 포용력이 필요하다. 가정은 생명의 요람이다. 조건 없는 사랑 속에서 행복을 진행 행으로 살아내야 한다. 그래야 생동감이 넘쳐흐르고 달콤한 세상이 열려 사랑의 꽃을 피울 것이다.

벌써 자신에 대한 연민을 느끼는 나이일까. 안타까운 것은 엿장수처럼 내 멋대로 인생을 두드리지 못했다는 것이다.
지금도 발가벗은 솔직한 표현은 나에게는 은근히 어렵다.

이젠 사람의 가슴을 적시는 풋풋한 젊음도, 뜨거운 감정도 복원될 수 없다. 인생 환절기에 새로운 봄날을 꿈꾸며 솔직해지는 용기를 내기로 하자.

너희 아버지께서는

너희가 청하기도 전에

무엇이 필요한지 알고 계신다.

(마태6.8)

하모니

　내가 다니는 성당에서 반별 합창 성가 경연대회가 있었다. 준비기간은 한 달이었는데 우리 반원들은 50~80대 장 노년으로 구성되었다.
　시간이 빠듯하지만, 평소와 다르게 모두 열심히 출석 하였다. 단원들은 세상일에 묻혀서 세상일에 밀려서 학교 때 합창을 해보고 40~50년 만에 불러보는 노래였다
　합창은 전체가 하모니가 하나 되는 작업이라 그것이 여간 어려운 게 아니었다.

또 중간에 춤추며 노래하는 곡도 있으니 지휘자가 얼마나 애를 쓰고 수고를 했는지 지금 생각해도 웃음이 절로 나온다.

다른 팀들도 한복을 곱게 입고 박자는 맞지 않아도 즐겁게 노래를 불러 웃음꽃을 피웠다.

그래도 연습 기간에 서로가 양보하고 배려한 덕분에 80대분도 조금 힘들어했지만, 낙오자 없이 끝까지 함께하여 참가 인원도 우리 반이 제일 많고 단합도 잘되어 1등 하였다. 구역장. 반장. 반주자. 지휘자의 헌신과 사랑으로 기쁨의 하모니가 이루어낸 성과였다.

합창하면서 배운 것이 나만 잘한다고 되는 것이 아니라 다 함께 하모니를 이루어야 한다는 것이다.

한곳에 집중하여 자기가 맡은 부분을 정확하게 소리 내어야 하는 것이 합창의 기본이었다. 상대방과 화음을 맞춘다는 것은 어려웠지만 우리가 해내었다.

그것은 소속감이 주는 선물이었는지도 모른다.

오늘날 많은 사람은 어딘가에 소속되고 싶어 한다. 현대인은 이웃과 단절된 삶을 살면서도 절실하게 어떤 소속감을 느끼고 싶어 하는 것을 본다.

합창단원은 함께 이루어낸 성과에 인생 후반기에 새로운 힘이 샘솟는 것을 느꼈다고 말하였다

무기력하고 자기가 별로 쓸모없는 존재라고 생각한 노년을 합창을 통하여 삶의 활기와 의욕을 찾을 수 있게 도움이 되었다며 기뻐하는 모습이 행복해 보였다.

아름다운 노년의 모습이었다.

이번 합창을 통하여 배운게 많다. 인간은 살면서 삶의 기쁨이 혼자보다는 이웃들에게 놓친 손을 잡기 위하여 손을 뻗고 몸을 숙여 적극적으로 다가가는 것이 중요함을 깨우쳤다. 우리 인간은 곁에 있는 이와 손을 잡아야 완전하고 아름다운 하모니를 이루어 함께 춤을 출 수가 있는 것이다.

마음이 바빠 철 따라 피어나는 꽃도 무심히 지나치고 바다 위 둥근 달이 떠 있는 것도 보지 못하고 분주하게 사는 나에게 재충전의 시간이 되었다.

우리는 살면서 이곳저곳 기웃거린다. 그러면서 "날 좋아하는 사람이 아무도 없네." 나와 마음이 맞는 사람이 한 사람도 없네, 나는 왜 이 모양이지? 이런 생각을 한다. 나이가 들수록

내가 먼저 본당에 있는 단체를 찾아 손을 내밀고 변화를 시도해야 한다.

누군가 찾아오도록 기다리면 안 된다. 어떤 단체든지 가입하여 하느님이 개개인에게 특별히 주신 능력을 활용하기를 권하고 싶다.

합창은 시작은 미미했지만 끝맺음은 성대하게 막을 내렸다. 서먹한 분위기도 사라졌고 서로를 끌어당기는 모습도 좋았다. 이런 행사로 인하여 같은 성당 신자이지만 서로에게 소홀했던 부분도 일부 해소되었다. 행복은 진행형으로 살아내지 않으면 외톨 리가 됨이 증명되었고, '함께'를 통하여 행복을 더 많이 나눌 수 있었다.

1등 상금으로 회식도 멋지게 했다.

합창은 우리 모두에게 사랑과 기쁨, 희망의 샘물과 즐거움을 덤으로 선물하였다.

늦가을의 정취 주왕산

오랜 지기知己들과 마지막 단풍이라도 보고 싶어 늦은 가을 날 새벽 경북 청송의 주왕산을 향해 어둠을 뚫고 달려갔다. 청송 주산지에 아침 6시에 도착하여 차 속에서 어둠의 장막이 걷히기를 기다리다 드디어 여명이 밝아오자 주산지로 발길을 향했다. 주왕산 자락에 있는 주산 저수지는 300여 년 전 농업용으로 만들어진 길이 100m, 폭 50m의 작은 저수지이다. 하지만 세월의 연륜을 자랑하는 왕버들 나무 30여 그루가 물에 잠겨 드러내는 아름다움으로 관광명소가 됐다. 베네치

아국제영화제에서 황금사자상을 받은 김기덕 감독이 영화 '봄, 여름, 가을, 겨울 그리고 봄'을 촬영한 곳이다. 주산지에도 늦가을이 성큼 와 있었다.

반복되는 일상에 지친 상태를 잠시 벗어나 재충전의 시간을 가지고 싶어 선택한 주왕산은 눈이 부시는 아름다운 풍광이 힐링을 선물했다.
산속을 2시간 정도 걷다 운동화에 문제가 생겼다.
오랫동안 신지 않은 운동화가 접착제가 떨어져 한쪽이 걸어갈 수 없는 상태가 되었다. 여분이 있는 것도 아니고 끈을 구해 신발 위에 묶었다.
그 모습에 일행도 나도 웃음을 참을 수 없어 깔깔거리며 산속을 걸었다.
자연의 아름다움에 흠뻑 젖어 우리는 따뜻한 목소리로, 서로에게 유대감과 안정감을 느꼈다.
 앞으로 체력이 허용하는 한, 산을 통하여 새롭고 신선한 자연과 교감하기로 했다. 주왕산을 걷는 동안 산소 섭취량이 증가하고 혈액순환이 잘되고 스트레스 해소에 감탄과 경이로

움에 환호성을 질렀다.

하산 길에 주왕산 입구 주막에서 막걸리를 한잔했는데 달자 하게 맛있다며 몇 잔씩 먹고 술에 취하기 시작했다.

바쁘다는 핑계로 정서적 단절감과 무엇이 중요한지 잊고 살면서 모처럼 소통할 좋은 사람 만나 인생 여정에서 힘들었던 이야기보따리를 한 사람씩 독백처럼 풀었다.

삶의 의미와 목적이 무엇인지. 왜 인간은 만족을 모르고 '어리석은 늙은이'로 변해가고 있는지. 앞으로 남아 있는 가능성은 얼마나 되는지, 한 지붕 아래 부부로 살고 있지만, 고독과 소외감은 왜 생기는지 묻고 있었다.

주부라는 단조로울 수밖에 없는 반복의 일상에서 가정의 평화를 위해 주어진 여건에 활기를 불어넣기 위해 최선을 다한다고 했다. 가족들에게 긍정적인 엄마로, 아내로 인정받고 싶은 욕구로 광대 역할을 하면서 산다고도 했다

도시를 떠나 산속을 걸으며 '어떻게' 살아왔는지 돌아보게 되었다. 며 넋두리 시간에 솔직한 감정을 쏟아 부었다.

한 친구는 "남에게 손가락질 받지 않고 예쁘게 사는 것, 나쁜 일로 남들의 입에 오르내리지 않는 것"에 신경을 쓰면서

산다고 했다.

또 다른 친구는 자신을 아는 사람들에게 예의를 지키고, 하느님 계명을 지키려고 노력하고 있다고 했다. 또 다른 일행은 이웃들 실망하게 하지 않고 반듯하게, 겸손하게, 살아보려고 발버둥 치며 살고 있다는 고백에 서로 공감 했다. 주왕산이 우리 일행 가슴에 맺힌 응어리를 해결해주었다.

아메리카 원주민 말로 친구를 '내 슬픔을 등에 지고 가는 자' 라고 한다. 서로의 슬픔을 자신의 등에 지고 갈 수 있으면 멋진 친구가 되는 것이다. '누군가 나의 슬픔과 아픔을 나누어 등에 지고 간다면, 그것만으로도 힘이 되고 든든할 것이다.

우리는 온종일 웃고 수다를 떨다 헤어지면서 또 전화하자며 함박웃음을 지었다.

누군가에게 소통할 수 있는 통로가 있다는 것은 큰 축복이다.

인정받고 싶은 욕구

인간은 사회로부터 인정받고자 하는 욕구가 있다.
자신을 긍정적으로 인식할 수 있는 유일한 방법이다.
어떤 사람의 능력을 인정한다는 건 사회적으로 어떤 의미일까?
우리가 어떤 사람으로부터 인정받고자 한다는 건 그 사람이 이미 타인의 인정을 받을 자격이 있다는 뜻이다. 내가 온전하다고 생각하지 않는 사람으로부터 인정받고자 하는 건 이상하고 뒤틀린 기대다.

자신이 지니고 있다고 믿는 능력이나 가치를 인정받고 싶어 하지만 사실 그런 능력이 없는 경우도 있다.

우리가 자기 자신과 긍정적인 관계를 맺고 살아갈 의지를 얻을 수 있는 유일한 방법은 능력이나 소중하다고 느끼는 것을 타인으로부터 인정받는 것이다.

인정받지 못하면 살아가는 데에 본질적인 결핍이 생긴다.

자신감이나 자아 존중감 같은 게 없어진다. 스스로 존중할 수 있는 감정과 자부심을 품지 못한다. 누구에게나 모든 삶에 꼭 필요한 감정이다. 긍정적인 삶을 살아가는 데 근본적으로 필요한 감정이다.

그러나 우리는 스스로가 지녔거나 지니고 있다고 생각하는 능력을 인정받지 못했을 때 모욕감과 굴욕감을 느낀다. 이렇게 인정이 우리에게 큰 영향을 미치는 이유는 인간에게는 사회 공동체에 속하고 싶은 욕구가 있기 때문이다. 사람은 혼자가 되지 않으려고 무진장 애를 쓴다.

냉정히 생각해 보자.

인정할 만한 것에 인정을 바라고 있는가? 인정하는 사람이 나를 평가할 자격이 있는 사람인가? 이것도 문제가 된다. 자신에게 없는 능력을 인정받고 싶은 욕구가 실제 자주 일어나는 일도 있다. 욕심이다. 좀 이상한 상황이지만 충분히 있을 법한 일이고 주변에서 가끔 보기도 한다. 예를 들면 가창력이 전혀 없지만, 대중의 인정을 갈망해 스스로 가수라고 착각하는 경우다. 사회생활을 하며 그런 황당한 일을 경험 한다. 인정받길 원하는 사람은 인정이란 능력과 가치를 타인이 확인해 주길 바라는 욕구다

현대인은 자신의 능력과 가치에 확신하고 싶어 타인의 인정에 애태운다.
마찬가지로 어린아이들도 부모나 친구에게 능력을 인정해 주길 바란다.
성장하는 아이에게는 능력을 지지해주면 자신 있게 부한한 성장을 하리라 믿는다. 인정받고 싶은 욕구는 잘못된 것이 아니라 건강한 욕구임은 분명하다.

나는 타인의 인정도 중요하지만, 하느님이 인정해주는 멋진 사람이 되면 어떨까.

저의 것은 다 아버지의 것이고
아버지의 것은 제 것입니다.
이 사람들을 통하여 제가 영광스럽게 되었습니다.

(요한17.10)

거제도 기행

부부 함께 여행한 지 거의 10년은 됨직하다. 가을을 맞으러 남쪽 바다 해금강이 있는 거제도로 출발하였다. 작은아들이 근무하는 직장의 수련관을 2박 3일 예약해주는 덕분에 부부가 작은 호사를 누리기로 했다. 이럴 땐 정말 아들 키운 보람을 한껏 누린다.

아주 오래전에 관광으로 거제도를 들른 적은 있지만, 그땐 거가대교도 없었고 긴 시간을 돌고 돌아 거제도로 갔었는데, 이제 거가대교를 타고 바다의 풍경을 감상할 짬도 없이 잠깐 사이에 소문으로만 듣던 해저터널을 지나 거제도에 도착하였다. 거제도의 모습은, 내가 기억하던 모습과는 사뭇 달라진 것 같다. 창밖의 남해는 부산의 바다와는 또 다른 모습을 하고 있었다.

  가는 길목에 들린 바람의 언덕은, 관광명소로 평일인데도 청춘 남녀와 어린애들, 그리고 많은 가족으로 붐빈다. 풍차를 중심으로 포토 존에는 저마다 멋진 모습으로 사진 찍기에 여념이 없고, 사람들 표정이 너무 행복하다.

  바람의 언덕은 이름답게 맞바람에 헝클어진 머리를 두 손으로 감싸고 다음 목적지인 외도로 가기 위한 배편을 알아보려고 해금강으로 출발하였다. 해금강 그곳도 예전에 와서 유람선으로 관광을 한 기억이 있는데도 오랜 세월 탓인지, 기억이 아련하다. 유명 관광지라 그런지 주변이 깔끔하게 잘 정리되어 있어 관광선진국 대열에 손색이 없어 보였다.

  유람선 선착장 사무실에서는 날씨가 오늘만 같다면 내일 무난하게 배를 타고 외도로 갈 수 있다고 한다. 별걱정은 않아도 될 듯싶다. 내일을 기약하며 해금강을 뒤로하고 숙소에 도착했다. 숙소인 수련관은 생각했던 그것 더 훨씬 깨끗하고 시설이 잘 관리되어 있었다.

창밖엔 수채화 같은 바다가 펼쳐져 있고 평화로운 어촌 풍경과 잘 어울리는, 이제 막 물들기 시작한 단풍들의 모습이, 마치 다른 세상에 온 듯한 착각을 했다.

여독을 풀기 위해 숙소에 마련된 사우나에 온몸을 담그고 있으니, 그 옛날 로마 귀족들의 목욕문화를 체험하는 것 같아, 마치 상류 시민이 된 듯 어깨가 자꾸 뒤로 젖혀진다. 이래서 사람들이 여행에서 대접받기를 좋아하나 보다.

저녁 식사 식당은 소박하면서도 깔끔한 한정식으로 준비되어 있었다. 주방 아줌마들의, 한껏 뽐낸 솜씨와 정성이, 정식 뷔페식당 음식 못지않다.

주부가 밥을 하지 않고 차려준 음식을 먹으니 감사하고 고마웠다. 부대시설인 노래방에서, 맘껏 소리높이며 가수 흉내를 내본다. 우리 신랑 노래 실력은 언제 들어도 내게만은 나훈아급이다.

잠자리가 바뀐 탓인지 밤새워 뒤척이다 잠이 들었다. 새벽에 눈을 뜨니 벌써 바다 위로 주홍색 불덩어리 같은 아침 해가 떠오른다. 일출은 모두에게 희망을 주는 에너지가 용광로처럼 분출하고 있다. 굉장히 힘 있고 신비한 광경이었다. 서둘러 식사를 마치고 몽돌해수욕장으로 달렸다.

옛날에 보았던 해수욕장이 아니었다. 그 크고 잘생긴 몽돌들은 다 어디로 이사를 하였는지, 작은 새끼 몽돌밖에 보이지 않는다. 허전함에 아쉽지만, 맨발에 전해오는 몽돌들의 자극을 즐기면서 긴 몽돌해수욕장을 나이 든 신랑과 손잡고 추억 만들기를 하였다

몽돌해수욕장을 뒤로하고 다음 목적지인 해금강 앞 우제봉에 오르니 갑자기 바람이 심상치 않다. 해금강이 눈앞에 내려다보이는 우제봉 정상 전망대엔 몸을 가눌 수 없을 정도로 바람이 세다. 전망대에서 해금강을 바라보니 신이 빚은 자연의 아름다움이 일상에 찌든 가슴을 뻥 뚫리게 하였다. 그리고 겨우 몇 컷의 사진을 찍고 서둘러 내려와 선착장 사무실에 들러 외도 배편을 물으니 날씨가 좋지 않아 배가 뜰 수가 없고, 내일 날씨도 기약할 수가 없단다.

어째 불길한 예감이 좋지 않다. 이번에도 외도는 인연이 닿지 않는 것일까?

실망하지 않고 다시 숙소로 돌아와 내일 파도가 순탄하기를 기원하면서 휴식을 취했다.

밤에는 휴양지 안에 영화관이 있어 매일 상영작이 다르게 소개되어 있었다. 그날 상영하는 영화는 장동건 주연 '마이웨이'였다.

일제 강점기, 2차 세계대전을 주제로 만든 영화였었는데, 러시아, 중국, 일본 그리고 프랑스의 노르망디까지, 세계를 무대로 제작비는 엄청나게 들었겠지만, 내용과 연기와 모든 것이 산만하기만 하고 규모보다 호소력이 부족한 느낌이었다. 그래도 관람객이 몇 명 되지 않아 대접받는 기분이며 제일 편안한 자세로 영화를 보았다.

다음날도 날씨가 좋지 않아 외도는 포기하고 숙소 뒷산에 갔다. 산은 가을이 물들기 시작하는 것 같았다. 등산로는 가파르지도 않고 딱 걷기 좋은 경사도에 한층 부드러워진 햇살, 살랑거리는 바람, 나무 사이로 걸린 구름, 산새들의 지저귐, 산책길 중간마다 설치된 쉼터는 한층 운치를 더해준다.

숙소로 돌아와 또 다른 부대시설 탁구장에서 몇십 년 만에 선수 흉내를 내보기로 하고 라켓을 잡았지만, 옛날 실력은 고사하고 흐릿한 시력에 탁구공마저 제대로 보이지 않아 실수 연발이다, 체력의 한계를 절감하며 의기소침해하며 탁구장을 물러난다.

모든 일정을 마치고 일상으로 돌아갈 시간이다

아들이 마련해준 여행은 우리 부부에게 오랜 가뭄 끝에 단비처럼 메마르고 황폐한 삶에 거름을 준 것이다. 사는 게 바쁘다는 이유로 속마음을 터놓을 시간을 마련하지 못하고 앞만 보고서로 불신하면서 불평불만으로 가득한 우리에게 속마음을 좀 더 이해할 수 있었고 상처로 얼룩진 낡고 아픈 감정들을 솔직하게 고백할 수 있는 소통의 시간이었다. 이제 우리는 내려가야 할 준비를 해야 할 나이가 된 것 같다.

산도 인생도 하산하는 것이 중요하다. 혼자보다 함께 가야 멀리 갈 수가 있다. 멋지고 아름다운 노년을 향해 서로에게 감사합니다. 고맙습니다. 당신과 함께해서 '행복합니다.'를 표현하면서 살아야겠다고 다짐한다.

소리 없이 찾아온 불청객

"따르릉따르릉" 전화가 울린다. 친구가 다급한 목소리로 의논할 것이 있다고 한다. 무슨 일일까? 궁금해서 다른 약속을 취소하고 이야기를 듣기로 했다.

종합검진 결과 유방 한쪽 조그마한 혹이 보인다며, 조직검사를 권유하여 유방암이라는 진단이 나왔다면서 초조하고 불안한 눈빛으로 도움을 청했다.

이 친구는 평소 음식 솜씨도 좋고, 먹거리에 관심이 많아 국산 토종을 먹고 생활도 규칙적인 친구다. 왜 하필 이런 진단이 나왔는지 믿어지지 않는다고 했다. 모든 병은 우리 몸에 방문하고 싶다는 예고는 늘 하지만 사람들이 바쁘다는 핑계로 잘 알아차리지 못하고 대충대충 넘어간다.

몸 안에 암 진단을 받으면 그때는 소리 없이 갑자기 찾아온 것처럼 말한다. 암은 잠복기가 20년이라고 한다. 암이 일단 발병하면 인간은 비참하고 비탈진 낭떠러지의 칼바람으로 내몰리는 것이다.

그러면 본능적으로 치유하기 위해 치열한 몸부림으로 피폐해진 자기와 마주해야 한다. 그만큼 독하고 흉악한 존재이기 때문에 모두가 만나기를 거부하고 두려워한다.

나는 12년 전 유방암이라는 진단을 받았다.

놀람과 분노로 한동안 말이 나오지 않았다. 그렇지만 엄연한 사실이고 현실이었다. 울부짖고 외쳐보아도 쉽게 가라앉지 않는 억울함도 있었다.

맨 처음 의사 선생님이 유방암입니다. 라는 말을 듣고 온몸에 힘이 풀려 주저앉았다. 혹독하고 잔인한 진단 앞에 불안, 초조, 공포, 두려움이 밀려오면서 '왜 나에게'라는 말이 입에서 떠나지 않았다.

치열한 삶의 터널을 통과하지 못한 어중간한 지점에서 죽음이라는 낱말 앞에 무릎을 꿇었다. 나의 상처와 아픔은 누구의 잘못도 누구의 죄도 아니라고 되뇌면서 병을 받아들이기로 마음먹었다.

암과 싸우면서 많은 것을 새로운 눈으로 보고 느꼈다.

수술하고 회복식에서 눈을 떴을 때 시원한 단비가 온 것처럼 살아있다는 사실에 감사한 마음이 들었다. 주위에 한 사람 한 사람이 다 소중하게 보였고, 평온한 마음이었다. "아, 나는 살아 있다!" 하느님 내가 살아 있습니다. 자비로운 주님은 내게 생명의의 햇볕을 주셨다고 기뻐했다.

긍정적인 에너지 덕분에 다른 사람보다 조금 빨리 퇴원할 수 있었다. 퇴원 후 좋은 공기 찾아 이곳저곳 다니며, 나무에서 새싹이 트는 모습이 경이롭게 보였다. 신비로운 새소리, 바람 소리, 파도 소리는 천상 음악처럼 들렸으며 모든 생명이 아름답게 보였다.

똑같은 사람과 자연이 완전히 다른 시각으로 사랑스러운 눈으로 가슴 뭉클한 순수함으로 정화되었다.

예전에 전혀 보이지 않았고 보지 못했던 새로운 생명에 대한 희망을 꿈꾸게 했다. 내가 의지할 때는 하느님뿐이었다. 주님! 아무것도 구하지 않겠습니다. 불쌍한 눈으로 보시고 저를 시련과 고통에서 이길 수 있는 체력과 정신력을 허락하시옵소서를 연발하며 버텨나갔다. 옛말에 '시련과 고통이 보약'이라는 말이 실감 났다. 항암 치료 기간에 따스한 봄 햇살이 고마워 감사의 눈물을 흘렸다. 나의 설익음과 자존심 때문에 스트레스를 풀지 못해 몸을 망가뜨리게 한 행동이 미안하고 부끄러워 울었다 웃기를 반복하며 치료를 받았다. 그래도 나는 살아 있어! 지금 여기에 살아있어. 용기를 내자.

힘든 고통 속에서 피어난 꽃이 전화위복의 계기가 되었다.

가족의 소중함과 긍정적인 인생관을 선물로 받았다. 내가 아파보았기 때문에 암 투병으로 고통스러워하는 친구와 이웃들을 진심으로 더 깊이 이해할 수 있었다. 불안해하는 사람에게 위로와 고통을 함께할 수 있는 시간에 감사드린다. 측은지심으로 공감하는 것이다. 일종의 연민이다.

또 따르릉따르릉 전화가 울린다. 알고 지내는 친한 동생이 유방암 진단을 받고 불안과 불면증으로 힘들어한다고 도움을 청한다.

  이심전심으로 아픈 사람에게 먼저 아팠던 사람의 위로가 진심으로 전달되어 도움 줄 수 있다니 얼마나 다행한 일인가. 지푸라기라도 잡고 싶은 사람에게. 특히 여자에게 유방은 상징적인 부분이다. 대중탕에서 가슴 한쪽을 절제한 모습을 다른 사람들의 따가운 시선과 마주하는데 용기가 필요하다. 부부의 성생활도 문제가 되어 우울증 환자가 많은 것도 사실이다. 그렇지만 자신만이 극복할 수 있는 지혜을 잃지 않도록 자신을 위해 기도하고 도움을 받는다.

  인간에게 살아있다는 흔적은 사랑을 나눌 때가 아니겠는가?

  암을 투병한 환자도 신체 일부가 망가져도 끝까지 씩씩하게 홀로 꿋꿋이 서야 한다. 사랑의 빛에 기쁨과 희망의 색깔로 색칠하여 용감하게 일어서 동굴 밖으로 나와야 한다. 남아있는 인생에 감사하며 어둠의 유혹에 빠지지 말고 순간순간 최선을 다해 살아보자.

5부 부르심

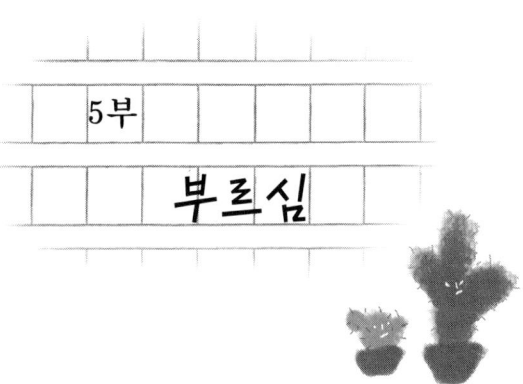

동고동락

어릴 적 내가 살던 곳은 시골이다. 밤하늘에 별이 반짝이고 공기와 인심이 좋은 동네이다. 그리고 우리 가족은 그냥 평범한 보통 사람이다.

결혼한 시댁은 자존감이 강하고 다혈질이며 별난 성격의 시어머니와 한집에서 살게 되었다. 시아버님은 성품이 온화하며 은행에 근무하셨고, 시어머니는 초등학교를 나온 분이다. 두 분 모두 교육을 받고 부유한 환경에서 살아 온 분이시다.

아버님은 부드럽고 따뜻하며 상대방 마음을 상하지 않으려고 듣기 싫은 소리를 하지 않는 분이셨다. 은행에 장으로 근무하셨지만, 배려심이 많고 모가 나지 않는 성품으로 직원들에게 인기도 있었지만, 근처 다방 마담들이 굉장히 좋아했다.

남편과 10년 사귀다 결혼했다. 어린 나이에 이해타산을 따지지 않고 시집을 왔다.

결혼생활은 만만한 것이 아니라 자라온 문화와 환경이 달라 적응하는데, 시간이 걸렸다. 막내아들인 남편은 고생을 모르고 자라 한 가정을 이끌어 나갈 준비가 되지 않았고 나도 시집살이가 무엇인지 모르고 뚜렷한 계획 없이 시작된 신혼이었다.

좌충우돌의 연속이다 보니 서로에 대한 불평불만이 커지고 감정이 절정에 도달해 쉽게 싸우고 몸도 마음도 서글퍼 친정에 가고 싶어 했다.

"아무나 결혼을 할 수는 있어도, 아무나 결혼을 완수할 수는 없다"라는 말처럼 결혼을 완수하신 분들에게 경의를 표하고 싶다는 생각이 들었다.

다음 해 임신하여 큰아들이 태어났다. 시댁 식구들이 아기를 많이 좋아하고 특별히 시아버님은 함박웃음을 지으며 너무 좋아하셨다.

아기가 태어난 이후 집안 분위기가 부드럽고 웃음이 떠나지 않아 편안해졌다.

시집살이하다 아이가 세 살 때 분가했다. 아버님은 손자 보러 토요일마다 우리 집에 오셨다. 따사로운 눈빛으로 아기를 바라보던 행복한 미소가 눈에 보였다. 비바람이 부는 궂은 날도 오셨다. 노년에 허전한 마음을 손자와 교감으로 위로받고 마음에 평화와 기쁨을 준다며 마지막 에너지를 손자에게 쏟아 부었던 것 같다. 이이는 사랑을 듬뿍 받아 무럭무럭 잘 자라 주었다.

아버님은 취미로 서예와 등산과 약주로 시간을 보내시다 그것도 뒤로하고 손자에게 흠뻑 빠져 너무 행복해하셨다. 손자도 할아버지를 무척 따르며 서로 좋아했다.

아버님은 아이가 초등학교 3학년 때 뇌출혈로 갑자기 돌아가셨다. 정이 많아 친정아버지처럼 따뜻하게 감싸주시던 분인데 안타깝게도 일찍 우리 곁을 떠나셨다.

말없이 든든한 버팀목으로 부족한 것을 다 품어주셨는데 감사한 인연은 마침표를 찍었다. 아버님은 하늘의 천사들과 잘 계시리라 믿는다.

그리고 몇 년 후 시어머님이 우리 집으로 오시면 어떻겠느냐고 하신다.

신혼 때 같이 살아보니 괜찮고 혼자 있으니 외롭다며 오시겠다 하시니 자식의 도리와 의무를 해야겠다는 생각에 집으로 모셨다. 우리 식구끼리 자유롭게 살다 함께 생활하려니 친밀함이 넘쳐 불편할 때도 많았다. 시댁과의 관계는 가까이와 멀리는 하늘과 땅의 차이었다. 부지런하고 주장이 강하고 직선적인 분이라 맞추기가 쉽지 않아 복잡한 감정이 지속되고 어머니와 관계가 위험수위를 보일 때는 거리를 두고 부딪치지 않으려고 노력했다. 나 자신의 감정을 있는 그대로 드러낼 용기가 없어 감정을 감추려고만 하니 해결이 되지 않고 몸도 마음도 힘든 생활이 반복되었다.

참다가 너무 화가 나면 남편에게 소리 지르고 한바탕하면 중간에서 이 눈치 저 눈치 보며 교통정리 하는 남편이 안쓰러워 마음이 편하지 않았다. 그래서 소통하기 위해 내가 어머니께 솔직한 감정을 드러내고부터 관계가 조금 나아졌다.

기계는 고장이 나면 바꿀 수 있지만 내가 선택한 삶은 바꾸기가 참 어려운 것이다.

나름으로 노력이 미흡했다는 성찰도 하게 됐다.

결혼생활을 잘하려면 벙어리 삼 년, 귀머거리 삼 년, 시각장애인 삼 년을 살다 보면 다 지나간다고 하신 우리 엄마의 말이 떠올랐다. 그래 내가 참고 견뎌내야지. 어떻게 할 다른 방법이 없지 않은가.

90살인 어머니는 지금도 건강하시고 간섭도 하며 고집대로 하신다. 옛날이나 지금이나 성품은 그대로시다. 예쁘게 보도록 나를 다독이자. 그래야 내가 살아내지.

남편은 부모님의 성격을 다 가지고 있어 양면성을 보여주며 나에게 잘하려고 노력한다. 지금 이 집에는 남편과 어머니 곁에 내가 있어야 하는가. 벼랑 끝에 몰려도 내 손을 잡고 있으니 뿌리칠 수가 없다. 나의 몸은 무의식적인 조건반사에 의해 표현되기 때문에 명료하게 생각하지 못하는 이성보다 솔직할 때도 있다. 생각과 감정 보다 바로 몸으로 표현하는 몸에 감사하자. 그렇게 너무 억누르지 말고 몸에 맡기자. 그러면 스트레스 덜 받고 내가 건강하게 견딜 수 있다.

살면서 실망과 좌절 고통과 상처가 영원히 풀지 못할 숙제

엿지만, 시간이 지나니 이해하고 용서하고 미운 정 고운 정으로 가정의 울타리를 지키기로 마음을 고쳐먹었다.

혼란스러움을 잠재우며 거짓이 있다 해도 새로운 눈으로 삶을 직관하며 앞을 향해 걸어가 보기로 하자.

고향으로 돌아간 길

며칠 전 잘 아는 형님이 췌장암으로 돌아가셨다.

6개월간 투병 생활을 하다 결국 일어나지 못하고 주님 곁으로 떠나셨다.

그분의 삶은 사랑이 충만하고 가슴이 따뜻하여 교도소 재소자들의 어머니로 25년을 사신 분이다.

작은 체구이지만 인생의 거센 폭풍에 힘들어하는 이나 만성 불만으로 무질서한 애착에 빠진 이에게 아무런 보상 없이 사랑을 베푸신 분이다.

많은 이의 가슴에 봄 햇살처럼 따스하고 포근한 조건 없는 사랑을 남기고, 단풍잎처럼 고운 삶을 살다 흙으로 돌아갔다.

마지막 장례미사에 죄수가 보낸 편지를 수녀님이 고별사로 대신 낭독 하였다. 죽음에서든 삶에서든 진실하게 사신 분들은 주어진 순리를 잘 받아들인다. 사람이 언제 죽을지 알 수 없다는 것을 깨닫고 최선을 다하여 자기 삶에 충실했고, 진정으로 원하는 일들을 했다. 때문에 죽음에 대한 두려움에서 해방되어 평화롭게 눈을 감으셨다며 울먹였다. 고인은 다른 이들의 비난을 두려워하지 않고, 머뭇거리지 않고, 두려움 대신 사랑을, 환상 대신 현실을, 과거 대신 현재를 선택하여 멋진 인생을 사셨다.

다시 한번 고인의 명복을 빈다.

우리 마음속 깊은 곳에는 선과 악이 함께 공존하고 있다. 교도소에 수용된 분들은 순간적으로 악이 우세하다. 타인에게 행한 행동이 잘못인 줄 알아도 용서 구하고 사과할 줄 모른다. 작은 일에도 분노하고 집착하고 불안해하는 공통점이 있다고 했다.

정서가 메말라 불평불만이 생겨 상대방을 공격하고 뜻대로 되지 않아 화를 낸다. 스스로 고통스러워하며 괴로움을 호소하며 또 반복적인 행동을 한다. 아무도 돌보지 않는 그런 사람의 친구가 되고 응원자가 된 삶은 대단한 것이다.

돌아가신 형님을 보면 하느님 사랑 안에 사는 것, 그것이 삶의 목표였다. 사랑은 받을 때보다 줄 때가 더 행복하다. 자신을 사랑으로 채울 때, 두려움도 이겨낼 수 있고 폭넓은 사랑도 할 수가 있나 보다. 그러니까 재소자들의 희망 여정 동반자로 오랫동안 봉사를 한 모양이다.

나도 하느님을 의지하고 나를 비우고 살면 좋겠다.

요즘은 분노를 조절하지 못한 사람들이 많이 있는 것 같다. 차를 타고 고속도로를 가다 보면 교통사고 건수를 본다.

서로 알지도 못하고 만난 적도 없는 운전자에게 앞지르기 했기 때문에 화를 내어 일어난 사고들을 본다. 그래서 운전자들은 서로 양보하지 않고 추월하여 갑자기 죽음을 맞이한다. 화는 인간이 가진 자연스러운 감정이지만 화에 지배당하여 목숨을 잃는 사건도 뉴스에 자주 나온다. 또 아파트 층간 소음으로 화를 참지 못해 살인이 일어나고 있다.

몇 분가량의 화를 참지 못해 엉뚱한 곳에 화풀이하여 예상하지 못한 상황이 발생한 것이다. 화는 우리 삶에서 스쳐 지나가는 감정이어야지, 존재 그 자체가 되어서는 안 된다.

화를 잘 내는 사람은 자신의 내면에 쌓여있는 분노가 폭발하여 아무 데서나 과함을 지르기도 한다. 평소에 분노 및 화는 가면을 쓰고 살고 있다. 때문에 억압된 감정을 가족들의 사랑과 도움을 통하여 치유를 받아야 한다.

가정에서 가족을 꼼꼼하게 보살피지 못하는 가정이 많다.

개인의 성공을 위해 사랑하는 사람은 뒷전으로 미루는 경향이 있다. 가족과 함께하는 시간을 낭비라고 생각하며 대화의 시간을 만들지 않고 성공이 그들에게 더 많은 것을 준다고 착각한다. 함께 놀이를 통한 내면의 기쁨을 같이할 시간을 갖지 못한다. 불행히도 이런 악순환이 반복되어 사고도 일어난다. 바쁘다는 핑계로 가족과 함께하는 시간이, 삶의 모든 측면을 더 의미 있고 풍요롭게 균형을 잡아주는 것을 잊은 채 살아가고 있다.

많은 사람이 자신의 삶에서 가족과 순수한 놀이의 시간을 갖지 못한다는 것은 정말로 슬픈 일이다.

놀이와 웃음은 본능적이며, 스트레스도 줄여주고 삶에 에너지를 주는 훌륭한 도우미이다. 쉽고도 간단한 사소한 감정을 소홀히 하여 대형 사고로 목숨을 앗아가는 현실이 안타깝다.

젊은이들이 이곳저곳 기웃거리며 시간 낭비하지 말고 일상에서 작은 봉사라도 하고 살면 좋겠다. 돌아가신 형님처럼 희망이 없는 곳에도 끝까지 사랑으로 기쁘게 봉사하면 사회가 이기적인 예민함에서 이타적인 예민함으로 옮겨가지 않을까 기대해본다.

너희는 주의하여라.

모든 탐욕을 경계하여라.

아무리 부유하더라도

사람의 생명은 그의 재산에 달려 있지 않다.

(루카 12.15)

귀천

사돈어른이 하느님 품으로 돌아가셨다.

오랫동안 요양병원에서 투병하시다 매미가 허물을 벗듯, 낡고 고통스러운 육신은 벗어버리고 분홍 꽃빛깔 새 옷으로 갈아입고 주님 곁으로 떠나셨다.

사돈집과의 인연은 안사돈이 갑자기 뇌출혈로 돌아가시어 그 집에 연도를 갔다. 함께 연도 간 형님이 돌아가신 고인을 잘 알고 계셨는데 여러 가지 그 집 사정을 이야기해주시며 인연이 시작되었다.

돌아가신 안사돈은 51살 너무 젊은 나이에 갑자기 주님 품으로 가셨다. 그때 바깥사돈은 50대 중반이고 제부는 대학교 3학년, 제부 동생은 대학교 1학년, 작은누나는 결혼식 날을 받아 놓았고 큰누나는 수녀원에 수련기였다.

당장 작은누나가 결혼하면 살림 살 사람이 없는 것이다. 많은 신자가 남아 있는 가족을 걱정하며 장례미사를 봉헌했다.

큰누나 수녀님은 수녀원에서 가족들을 위해 얼마나 많은 기도와 번뇌와 갈등의 시간을 보냈는지 모른다. 수녀님이 바친 기도의 응답인지 며칠 후 연도에 같이 갔던 형님이 우리 집으로 찾아왔다.

그분은 미사참례와 성체조배를 늘 하시고 동정녀처럼 살고 있다. 기도와 묵상 중에 내 여동생이 그 집 큰아들과 자꾸 연결된다는 것이다. 처음에는 황당하고 터무니없는 말씀이라고 손사래를 쳤다.

여동생이 대학교 다니면서 우리 집에 가끔 들려 우리 아이들을 많이 예뻐했다. 한 번씩 보았던 동생이 그분 눈에 뽑힌 것이다. 그 동생은 대학교를 졸업하고 병설 유치원 선생님으로 근무하고 있었고, 결혼할 나이도 아니고 전혀 결혼에 대한

계획도 없는 아이였다

그분은 그런 동생을 막무가내로 계속 두 사람을 만나게 해주자고 졸라댔다. 계속되는 성화에 못 이겨 우여곡절 끝에 두 사람을 만나게 해주었다. 주님께서 미리 계획된 각본인지 제부가 대학교 4학년 때 결혼식을 올렸다. 너무나 어린 나이에 준비 없이 두 사람은 가장이 되고 주부가 되었다.

어린 신혼부부는 무거운 십자가를 고운 마음과 사랑으로 지고 신혼생활 시작했다. 새로운 희망의 새벽을 열기 위해 온 가족이 함께 사는 시댁에서 시작했다. 삶이 혼자서는 갈 수 없는 길인지라 하느님의 현존 안에서 새로운 가정이 출발했다.

그런데도 동생 부부는 때로는 힘들고 어려운 순간들도 있었지만, 무겁고 진중한 자세로 서로에게 함부로 불평히지 않고 분별 있게 잘 견뎌 내었다. 바람 불던 날들이 햇볕이 따사로운 사람 냄새가 나는 가정으로, 걸림돌을 극복하며 살아왔다. 덕분에 조카가 잘 자라 공군사관학교를 졸업하고 같은 사관생도끼리 결혼하여 국가를 지키는 공군 대위 부부로 지금 잘살고 있다.

동생은 오랜 시간동안 힘들고 어려운 생활을 지혜롭게 잘 극복하였다. 하느님께 모든 것을 맡기고 주어진 삶을 묵묵하고 현명하게 받아들이며 살아가는 모습이 나보다 더 어른스럽고 성숙해 보인다. 언니가 되어 힘든 환경에 있는 제부를 소개해준 미안한 마음과 안쓰러움도 있었다. 그래도 제부는 능력도 있고 성실하며 동생에게 잘 해주어 안심이 되었다. 지금 돌이켜보면 모든 게 하느님의 섭리라 여겨진다.

동생이 자기 의무를 다했기 때문에 수녀님도 지금 훌륭한 수도자로 잘 계신다. 내가 할 수 있는 게 오랜 시간 주님께 기도뿐이었다. 동생 부부에게 주님의 넘치는 축복과 힘찬 은총이 쏟아진다고 믿고 진심을 담아 기도하니 내 마음의 빚도 조금은 가벼워지는 것 같았다.

긴 시간 동안 동생이 그 가정을 위해 흔들리지 않는 믿음으로 십자가를 잘 지고 살았기에 큰누나 수녀님은 수도자 생활을 잘 할 수 있었고, 작은누나도 결혼하여 잘 살 수 있었다고 믿는다.

장례식 날 수녀원에서 많은 수녀님이 먼 길 오셔서 연도를 드렸다. 장례미사에 참석한 많은 수녀님의 아름다운 성가는 천상에서 울려 퍼지는 소리였다. 성당 안에 있는 모든 이에게 성령의 기운이 감돌아 숙연하게 했다.

미사 시간 내내 이 모든 일이 주님께서 미리 계획하셨고 선을 향한 여정이었다고 생각하니 목에 걸린 울음과 감사가 함께 밀려왔다.

진흙탕에서 아름다운 꽃을 피우는 연꽃처럼 동생의 지지 않는 인내와 노력으로 현실을 잘 감당했기에 행복의 꽃은 피어나 향기를 내뿜고 있다.

오늘은 동생을 칭찬해주고 싶다.

지금까지 걸어온 여정에 충실한 삶을 살아준 동생이 고맙고 대견하다고….

하느님께서는 지혜로운 자들을 부끄럽게 하시려고
이 세상의 어리석은 것을 선택하셨습니다.
그리고 하느님께서는 강한 것을 부끄럽게 하시려고
이 세상의 약한 것을 선택하셨습니다.

(1 고린 1.27)

꽃은 어디에도 핀다

　부산가톨릭 문인협회는 2009년부터 김해교도소 수감자를 대상으로 '주님 사랑 글 잔치' 백일장을 개최하고 있다. 협회는 그 안에서 책을 읽고 글쓰기가 새로운 세상을 펼칠 수 있도록 돕고 싶은 마음에서 시작한 행사이다. 좁고 답답한 공간에서 틈틈이 읽었던 책과 일상을, 일기 형식이든 상관없이 글을 쓰기 시작하니 생각을 정리하고 자신을 설명하는 역할로, 위안이 되고 치유 효과도 됐다고 했다.
　교도소 수감자 '주님 사랑 글 잔치'에 참석한 햇수가 5년째이다. 10회 동안 백일장 '주님 사랑 글 잔치'에 많은 재소자가 장르와 관계없이 작품을 내면 심사하여 희망상, 평화상 등 다양한 이름으로 참석한 전원에게 상장과 상금을 영치금으로 주고 있다. 부상으로 회원들의 시집, 수필집, 소설집 등 서적도 준다.

그날 행사에 참석한 수감자들과 미사도 드리고, 떡을 나누고자 작품을 낭송하고 또 장기자랑도 하며, 답가로 우리 회원도 작품 낭송과 합창을 한다. 1시간 동안 화기애애하고 웃음꽃이 활짝 피어 행복한 시간을 가진다. 그분들은 우리와 똑같은 사람이며 좋은 글들도 많이 있었다. 보람된 행사를 코로나19로 3년간 하지 못해 아쉽고 안타깝다. 김해교도소는 중범죄자가 많은 곳이라 10년 이상 사는 분도 있다.

아픈 사연이 있는 수필 한 편을 소개하겠다.

30년 동안 수감자를 상담하고 돌보아준 봉사자가 있었다. 그분이 암으로 돌아가시어 그리움과 고마운 마음을 표현한 내용이다. 수감자는 어린 시절 엄마의 가출로 사랑받지 못하고 버림받은 마음의 상처가 깊었다. 마음 둘 데도 없고 사회로부터 소외되고 외톨이가 돼 범죄를 했다고 고백했다.

  봉사자의 노력으로 닫힌 마음을 열고 진심을 털어놓아 한 줄기 햇빛이 되었다. 남의 탓을 안 하기로 하니 행복했고, 많은 시간을 다독여주어 용기를 키우고 힘이 되었다. 그런 봉사자가 돌아가셨다는 말에 충격 받아 외롭고 우울해하면서, 자기의 이름을 불러주고 사랑해 준 분을 잊지 못하는 내용이었다.

  재소자들의 작품 대부분을 보면 부모가 일찍 돌아가셨든지 이혼한 가정이든지 결손가정이 많았다. 그래서 보육원 친척집 또는 조부모와 생활하다 엉뚱한 길로 가는 경우였다.

  인간의 기본은 가정이다. 엄마가 없는 아이는 무너지기가 쉽다는 것을 보고 느꼈다. 인간은 태초에 엄마와 한 몸이었다. 엄마의 체내에서 수정돼 약 10개월을 엄마와 함께 생활하다가 세상에 나온다. 그래서 성인이 되어도 엄마와 한 몸이었던 시절을 늘 그리워한다. 자궁으로의 회귀본능이라고 하는데 인생에서 가장 안전하고 누군가와 함께한다는 느낌이었던 시절로 돌아가서 위안을 받고 싶기 때문이다.

수감 중에 마음이 안정되지 않고 흔들리고 무너지기도 한다. 그곳에서 하느님을 붙들고 사는 분은 조금 나은 것처럼 보였다. 어떤 분은 음악에 취미가 있는 분인데 성가를 부르고 종교 시간에 오르간 반주도 하고 작곡도 하는 분이 있다.

누구에게나 기회가 똑 같이 열려 있지만 선택은 본인 몫이다. 그곳에서도 하느님을 만나 단순하고 평온하게 지내면 좋겠다는 희망을 해본다.

우리의 삶은 과거도 미래도 아니고 현재를 살아야한다.

그래서 지금 여기서 행복하게 살아야 한다.

수감자도 문학이 주는 위로로 힘들지만, 묵묵히 아픔과 상처를 견디고 버텨내면 좋겠다. 살아있기에 새롭게 시간이 주어진 것이다.

선물로 주어진 귀중한 시간을 잘 활용하기를 바란다.

동월 동일

따뜻한 봄날 96세 시어머니의 극적인 삶은 막을 내렸다. 본향으로 돌아갔다. 시어머니는 시아버님이 돌아가시고 20년을 우리와 함께 살았다.

성격이 직선적이며 부지런하시고 주장이 강하신 분이셨다.

나는 장남도 아니고 막내에게 시집와서 맏며느리 역할을 하려니 힘에 부쳤다. 고통과 마음의 주름으로 울 부르짖는 날도 많았고, 불평불만은 자연스럽게 남편에게 전달되어 의견 충돌이 있었다.

내 살 속에 있는 가시를 빼버리려고 노력했지, 껴안고 살려는 지혜는 부족했다. 어쨌든 시련을 견디는 불편함과 고통과 번뇌를 거듭 호소하면서 살았다. 사랑이신 하느님께서 나의 허약함과 부족함을 아시고 힘들 때 지원군으로 성당 신자나 언니, 친구, 이웃들을 보내주시어 그나마 버티게 도와주셨다. 주어진 운명을 기쁜 마음으로 받아들이는데, 시간이 걸렸다.

겉으로는 책임감 있고 당찬 며느리로 보였지만 까칠하고 유별난 나의 성격을 잘 알고 계신 하느님의 은총으로 고비를 넘길 수 있었다.

불교 집안에 시집와서 가족 모두를 가톨릭 신자로 세례 받았으며, 순수한 사랑으로 전교한 것도 아닌데도 주님께서 선물처럼 열매 맺게 해 주셨다. 결실에 대해 뿌듯함도 있었지만, 천성적으로 성격이 너그럽지 못해 가족들의 허물을 웃음으로 받아주지 못한 아쉬움도 남아 있다.

모든 게 시간이 지나면 자연스럽게 해결되는데 좀 더 따뜻하고 헌신과 사랑으로 모시지 못해 미안하고 송구스럽다.

어머니는 우리에게 짐이 되지 않으려고 시아버님과 똑같은 날 돌아가셨다.

제삿날이 같다. 어떻게 설명해야 할까?

묘비명에 햇수만 다르지, 돌아가신 날이 똑같아 석공이 어리벙벙했다.

살아생전 시아버님이랑 다투기도 많이 하셨는데 돌아가서는 천생연분이 되셨다. 두 분은 성격이 너무 다른데 오랫동안 맞추면서 산다고 서로 힘드셨다. 아버님은 대구 상고를 졸업하고 농협에 근무하셨고 성품도 온화하고 인물도 출중한 엘리트였다. 어머님은 부잣집 딸로 초등학교를 졸업하고 사회생활은 하지 못했고 성격은 여성스러운 애교가 부족하며 자존심이 강하고 고집이 센 분이셨다. 자주 의견충돌도 있었지만, 서로가 얼마나 끊을 수 없는 인연이기에 같은 날 돌아가셨는지 생각할수록 신기하다.

장례식이 끝나고 가족과 친지들이 지극히 작고 보순된 나에게 희생으로 잘 모셨다고 칭찬해주니 미안하고 부끄럽고 몸 둘 바를 몰랐다.

나의 전부를 누구보다 잘 알고 계시는 하느님 앞에 엎드려 고백했다. 나약하고 생색내기 좋아하고 교만한 죄를 용서하고 이제는 못난 기억은 하지 않게 해주시기를.

인간은 홀로 사는 존재가 아니다.

관계 속에서 살고 있다. 의지하면서 함께 어울려서 친숙함과 하모니를 이루고 살면 상처받지 않고 충만한 에너지가 넘쳐날 것이다. 그게 뭐라고 쉽지 않지만, 이번 일로 주어진 삶에 대해 다시 생각해 보았다.

누구에게나 죽음은 먼 곳에 있는 게 아니다. 나에게 너는 지금 죽어도 되니? 라고 물어보았다. 준비되지 않는 미성숙한 나를 발견하고 자기라는 감옥의 굴레에서 벗어나는 용기가 필요함을 새삼 깨달았다.

남은 내 인생이 텅 빈 허공처럼 느껴지지 않도록 내일을 잘 설계해야겠다고 다짐해본다. 지나가는 것은 지나가는 것으로 만족하고, 가짜같이 살지 말고 진짜 같이 살아야겠다. 나도 저녁을 아름답게 물들이고 싶다.

삶에 가장 좋은 시간이 저녁이라는 글귀를 본 적이 있다.

나도 낙심하고 포기할 상황이 생겨도 끝까지 그리스도인의 거룩함이 무엇인지를 몸소 보여주며, 사명을 다하고 싶다.

하느님을 위해 산다는 것은 하느님 영광을 위해 살아간다는 것이다.

하느님 섬김은 성의 없이 대충대충 할 수 있는 것이 아니다. 최선을 다해 봉헌하는 마음으로 해야 한다. 어떤 마음인지 모든 것을 다 보시는 하느님과 나는 알고 있다. 삶이 정신을 집중하지 않아도 괜찮을 만큼 시시한 일은 없다

지금 여기 존재하는 그 자체에 감사하고 미래에 대한 조바심과 불안은 하느님께 맡기고, 평온하고 고요하게 어쨌든 열과 성을 다해 살아보자.

이 순간을 맛나게.

아버님 어머님의 이승의 질긴 인연이 저승에서도 똑같은 날 다시 만나 주님의 품 안에서 천상영복 누리시기를 기도한다.

6부 예수님의 제자 말씀 배우기

사랑하는 법을 하느님 말씀에서 배워봅니다

〈성서〉에서 예수님께서는 '참 행복'을 네 가지로 선언하십니다. 동시에 네 가지의 '불행'도 선언하십니다. 그런데 세상의 그 누구도 이런 행복을 말한 적은 없습니다. 우리는 모두 한결같이 행복을 갈망하지만, 그 누구도 이러한 행복을 갈망하지는 않을 것입니다. (루카 6, 17.20-26)

인간을 행복하게 하는 것이 무엇인지를 말해보라 하면, 대체로 사람들은 돈과 재물, 건강과 안전한 직업, 단란한 가정과 멋진 집, 사랑하는 사람과 좋은 친구 등을 꼽을 것입니다. 그런데 예수님은 가난하고 굶주린 사람, 우는 사람과 미움 받는 사람이 행복하다고 말합니다. 반면에 부유하고 배부르고 지금 웃고 있고 모든 사람이 좋게 말하면, 그 사람은 불행하다고 말합니다. 사실 이러한 말은 정신 나간 말로 들릴 만합니다. 그야말로 '행복 선언 여덟 가지'라기보다 '미친 소리 여덟 가지'라 불릴 만합니다.

그렇습니다. 인간적인 관점에서 보면, 예수님의 이러한 '참 행복'은 오히려 '축복'에 역행되는 모순입니다. 사실, 가난과 굶주림과 슬픔과 미움과 박해 같은 것은 좋은 것들이라 할 수 없습니다. 그것들은 하느님께서 인간을 위해 계획하신 것도 아니며, 오히려 인간들로 인해 스스로 불러온 것들일 뿐입니다. 그러기에, 현실을 넘어서는 이러한 행복 선언은 현실을 넘어 깊숙한 곳에 자리 잡은 더 깊은 의미를 들여다보게 합니다. 그것은 우리가 나아가야 할 바를 제시하며, 우리의 삶에 대한 방향 전환을 요청합니다.

그런데 예수님께서 말씀하시는 "참 행복"이란 대체 무엇일까?

오늘 예레미아 예언자는 "참 행복"의 올바로 이해를 도와줍니다. 그는 주님의 말씀을 이렇게 전합니다.

"사람에게 의지하는 자와 스러질 몸을 제힘인 양 여기는 자는 저주를 받으리라. ~그러나 주님을 신뢰하고 그의 신뢰를 주님께 두는 이는 복되다". (예레 7, 5-7)

여기에서는 축복받은 받은 사람과 저주받은 사람, 곧 행복한 사람과 불행한 사람을 "주님을 신뢰하는 사람"과 "인간에게 의지하는 사람"으로 구별합니다.

"인간에게 의지하는 사람"이란 자신의 믿음을 자기 자신이나 돈이나 소유, 그리고 사람들의 눈에 힘 있어 보이는 것에 의지하며, 자신의 힘에 의지하는 사람입니다. 곧 자신의 능력이나 꿈을 실현하고자 하는 자기 성취나 자기 성공 패러다임을 따라 사는 사람들입니다. 그리고 그것이 이루어지지 않으면 실망하고 좌절하는 사람들입니다.

반면에 "주님을 신뢰하는 사람"은 자신의 약함을 알고 하느님의 자비에 맡겨져 있음을 아는 사람입니다. 예레미아는 이들을 물가에 심긴 나무와 같아서 주님이 그들 생명과 열매의 원천이 된다고 말합니다.

결국 "참 행복"을 가져오는 "가난한"이란 말은 '하느님께 의존하고 있음'을 말합니다. 그들은 자신의 약함과 죄스러움을 인정하는 사람입니다. 자신이 가진 것은 무엇이든 생명, 건강, 돈, 그 어떤 종류이든 모두 자신의 것이 아니라 하느님께 받은 것임을 기꺼이 인정하는 사람입니다. 그들은 자신들이 갖고 있지 않은 것에 의지하지 않으며, 손에 넣으려고 급급하지도 않으며, 그것들에 신뢰를 두지도 않으며, 오히려 주님께 신뢰를 둡니다. 곧 물질의 소유나 자신의 힘이나 사람들의 인정으로 구원되는 것이 아니라, 주님의 사랑으로 구원됨을 신뢰하는 사람들입니다. 결국, 우리는 오직 하느님의 사랑 안에서만 만족할 수 있다는 것을 확신할 때 가난한 사람이 됩니다.

그러니 돈과 재물이 있어도 가난한 사람이 있을 수 있고, 반면에 아무것도 가지지 않아도 가난하지 않을 수도 있습니다. 그들이 여전히 물질적인 부유를 갈망하고 있다면 말입니다.

사실, 예수님께서 가난한 사람들이 행복하다는 한 이유는 한 가지입니다. '하느님 나라가 그들의 것'(루카 6, 17)이기 때문입니다.

예수님께서는 '하느님 나라가 그들의 것이 될 것이다'라고 하지 않으시고, "그들의 것이다."라고 말씀하십니다. 그들은 '이미' 하느님 나라를 차지했다는 뜻입니다. "하느님께 신뢰를 둔 사람"은 이미 자신을 하느님의 다스림과 하느님의 사랑에 맡기고 하느님 나라에 들어간 이들입니다. 그래서 그들은 이미 행복합니다. 그렇습니다. 그 신뢰의 둔 정도만큼 우리는 지금 행복할 것입니다.

그런데 여러분은 지금 행복하세요? 만약 지금 내가 행복하지 않다면, 가난하지 않은 까닭일 것입니다. 곧 하느님께 신뢰를 둔 것이 아니라, 자신에게 믿음을 두고 자신의 나라를 실현하다가 이루어지지 않아 좌절하고 있는 불행한 사람일 것입니다.

그러니 오늘 우리가 구원받기를 원한다면, 그리고 행복하기를 원한다면, 우리의 나약함을 깨닫고 "하느님께 신뢰를 두는 사람", 곧 "가난한 사람"이 되어야 할 일입니다. 그래서 바오로 사도처럼 말할 수 있어야 할 일입니다.

"나의 모든 환난에도 나는 위로로 가득 차 있고, 나의 기쁨은 넘칩니다."(2코린 7, 4)

오늘 마지막 말씀은 이렇습니다.

"모든 사람이 너희를 좋게 말하면, 너희는 불행하다."(루카 6, 26)

사실, 우리는 자신에 대해서 누군가가 칭찬하고 좋게 말해주면 기뻐하고 행복해하며, 반면에 꾸중하고 질책하고 나쁘게 말해주면 우울해하고 불행해합니다. 그토록 우리는 타인의 평가에 예민하고, 비위 맞추며 눈치를 보고 타인의 말 한

마디에 좌지우지되기도 합니다. 우리가 하느님의 일을 생각하지 않고 사람의 일을 생각하기 때문일 것입니다. 그러나 사람들로부터 좋은 말을 듣는 것이 아니라, 혹은 인간적인 좋은 관계를 유지하는 것이 아니라, 올바른 관계를 맺는 일, 곧 하느님의 뜻 안에서 관계 맺는 일이 중요합니다.

그러기에 중요한 것은 미움을 벗어나 사랑하는 것이 아니라, 미움 속에서 사랑하는 일입니다. 고통과 슬픔을 벗어나 사랑하는 것이 아니라, 바로 그 고통과 슬픈 안에서 사랑하는 일이요, 바로 그것을 통하여 사랑하는 일이요, 그것을 통하여 사랑하는 법을 배워가는 일입니다.

그것이 바로 '먼저 하느님 나라와 그분의 의로움을 찾는'(마태 6, 33) 일이요, 사랑하되 "진리 안에서 사랑"(1 요한 3, 18) 하는 일일 것입니다. 아멘.

그러므로 여러분은 먹든지 마시든지,
그리고 무슨 일을 하든지
모든 것을 하느님의 영광을 위하여 하십시오.
(1 고린 10.31)

'눈먼 이'란 어떤 사람인가?

물론 보지를 못한 이입니다. 마치, 장미꽃을 그 가시로 찔러 상처를 주는 것으로 알뿐, 그 꽃의 아름다움을 보지 못하는 이입니다. 불이 자신을 뜨겁게 태워 상처 입히는 것으로 알뿐, 주변을 환히 밝혀준다는 것을 보지 못하는 이입니다. 자신의 상처를 볼뿐, 상처에서 흘러나온 구원을 보지 못하는 이입니다. 이처럼, "빛이 어둠 속에서 비치고 있지만"(요한 1, 5), 그 빛을 보지 못하는 이가 바로 눈먼 이입니다. 정녕, 진리이신 하느님을 알아보지 못한 이가 바로 눈먼 이입니다.

그러기에, 〈성서〉에서 '보다'라는 동사는 단순하게 시력만을 넘어, '이해와 깨달음'을 의미합니다.

"너희는 눈이 있어도 보지 못하느냐?

~아직도 이해하지 못하고 깨닫지 못하느냐?"(마르 8,18)
그러기에 우리에게는 진리를 볼 수 있는 '영의 눈'이 필요할 것입니다. 사실 우리는 세 개의 눈을 가지고 있는 셈입니다. 겉으로 드러나는 것을 보는 '육안' 속을 들여다보는 보는 '심안'(마음의 눈), 그리고 복음의 빛으로 보는 신앙의 눈인 '영안'(영의 눈)입니다. 이 '영의 눈'은 신앙이 깊어가면서 밝아지는 눈입니다. 〈시편〉에서, "당신 빛으로 빛을 보옵니다"(시 35, 10)라고 노래하고 있듯이, 성령의 인도로 하느님의 신비를 보는 눈입니다.

〈성서〉에서, 예수님께서는 눈먼 이의 두 눈에 당신의 '침'을 바르십니다. 이는 〈성서〉에 있었던 '귀먹고 말 더듬는 이를 고치신 이야기'(마르 7, 31-37)에서, 예수님께서 당신의 손가락에 '침'을 발라 귀먹고 말 더듬는 이의 혀에 대신 것처럼 (마르 7, 34), 성령의 두유를 말합니다. 곧 영으로 두유 되어 치유된 눈입니다.

오늘 예수님께서는 우리에게 말씀하신다.

"무엇이 보이느냐?"(마르 8, 23)

혹 사람들만 보이나요? 걸어 다니는 나무처럼만 보이지는 않는지요? 어렴풋이 겉모습만 보이는지요? 이제는 '육안'으로 사람의 형상만 보지 말고, '심안'으로 그 사람의 아픈 마음을 헤아려보고, '영안'으로 그 사람 안에서 구원을 펼치시는 하느님의 현존을 보아야 할 일입니다.

그렇습니다. 우리 주님께서 우리의 두 눈에 손을 얹어주시기를 청해야 할 일입니다. 모든 것을 똑똑하게 뚜렷이 볼 수 있도록 말입니다. 겉 형상의 사람만 보지 않고, 그 사람의 아픈 마음을 헤아려 볼 줄 알고, 나아가서 그 사람 안에 구원을 펼치시는 하느님의 현존을 볼 수 있도록 말입니다. 풀 한 포기에서도 하느님의 능력을 보며, 그분의 말씀에서 하느님 나라와 사랑을 보는 눈 말입니다. 우리가 살아있는 바로 이 자리에서 우리와 함께 계시는 당신을 보는 눈을 말입니다. 아멘.

씨 뿌리는 사람

주님!
당신 밭의 일꾼이 되게 하소서.
당신이 뿌리신 말씀이 씨앗을 일구게 하소서.
자라나 꽃을 피우고, 열매 맺게 하소서.
일상의 삶 가운데 당신 사랑 번져가고,
세상이 서로 웃고 배려하며 감사하게 하소서.

최영순 수필집

천천히 더디게 깊을 생각하다

초판 1쇄 발행 2022년 11월 5일

지은이 최영순
펴낸이 이길안
펴낸곳 세종출판사

주소 부산광역시 중구 흑교로 71번길 12 (보수동2가)
전화 051-463-5898, 253-2213~5
팩스 051-248-4880
전자우편 sjpl5898@daum.net
출판등록 제02-01-96

ISBN 979-11-5979-547-3 03810

값 14,000원

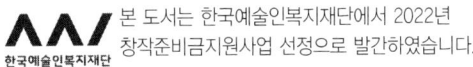

본 도서는 한국예술인복지재단에서 2022년 창작준비금지원사업 선정으로 발간하였습니다.

* 잘못된 책은 교환해 드립니다.